子どもの手指活動と発達

橘 廣

三恵社

まえがき

　何に対しても自発性や意欲がみられず「めんどくさい」ということば
を連発する子どもたち、論理的に考えようとしない、目標志向的行動のと
れない子どもたち、他者の気持ちを思いやることが苦手な子どもたち、衝
動的行動を抑えられない子どもたちが増えてきた。これらは大脳の前頭前
野のはたらきに関係していることが、最近の脳科学研究によって確かめら
れてきている。人間ならではの思考活動をする領域である前頭前野は、文
明の発展のかげで使われなくなってきているのではないかと思われる。例
えば、機械が短時間で解答してくれるため、人間が時間をかけて考える必
要もなく、料理、裁縫、編み物など手指を使って目的を持って創りあげる
ということをしなくとも、既製品を容易に入手でき、他者と接することを
しなくても通信や情報収集も可能になった。このようなことから問題行動
が生じた後の対応も重要であるが、問題行動を予防し、前頭前野をはじめ
脳を活性化させ発達させ、個人のもつ能力を十分に生かせる方法を検討し
ていくことは非常に重要であると思われる。

　最終形や手順を考えながら、何かを創りだすことを目的に、他者とコ
ミュニケーションをとりながら、手指を使った操作活動をすることが、前
頭前野を活性化させ発達させるために効率のよい方法であることが認めら
れてきている。本書では、基礎形成の時期で脳の急激な発達のみられる乳

幼児期における教育について、能動的創造的な手指の操作活動を中心に検討し、操作性の高さが重要なポイントになることを示唆している。即ち、考えながら、複数のモノを組み合わせたり、モノを調整したりしながら扱う操作性の高い玩具や道具を、一人ひとりの発達にあわせて使用することが、前頭前野の活性化に効果的ではないかと考えられる。

　また脳の発達に関しては、主として左右の大脳半球機能の発達の側面から検討している。左右の大脳半球は、形態的にほぼ対称的に見えるが機能は同じではない。機能差は、機能の側性化、ラテラリティあるいは機能的非対称性とよばれている。左右の半球間では常に情報伝達がされているので、２つの半球が全く別個に機能しているととらえているわけではない。脳のさまざまな場所で機能を分担している領域、得意とする領域があり、左半球、右半球を比較するならば、片側の半球が優れている、つまり「優位な半球」として現れる場合があるというようにとらえている。本書が、脳の発達をふまえた教育のヒントになれば幸いである。

子どもの手指活動と発達　　目　次

まえがき　*1*

第1章　胎向、生後3日以内の頭部の向きと、乳児期の手の活動の関係 —— 出生前や出生直後に側性化の徴候はみられるのか？　*7*

第1節　問題と目的　*8*
第2節　胎児期の向きの測定と、
　　　　生後3日以内の頭部回旋運動検査の実施　*10*
第3節　乳児期の手の活動に関する調査の実施　*13*
第4節　総合的考察　*22*
第5節　第1章の研究の要約　*26*

第2章　乳児における手指活動の機能的左右非対称性 —— 最も早期の集団健診受診児における横断的研究　*29*

第1節　問題と目的　*31*
第2節　リーチング観察以前の操作活動の実験　*33*
第3節　結果　*36*
第4節　考察　*39*
第5節　第3章の研究の要約　*41*

第3章　乳児における手指活動の機能的左右非対称性 —— 出生から1歳までの縦断的研究　*45*

第1節　問題と目的　*46*

第2節　左右非対称性を示した手指活動の内容と
　　　　その出現時期　*48*

第3節　指さし行動とパッティングの頻度調査　*60*

第4節　総合的考察　*62*

第5節　第4章の研究の要約　*63*

第4章　幼児の手指操作における機能的左右非対称性
——系列的要因と空間的要因を含む操作課題より　*67*

第1節　問題と目的　*68*

第2節　方法：系列性と空間性を含む課題　*70*

第3節　結果：系列的分析と空間的分析　*73*

第4節　考察　*79*

第5節　第4章の研究の要約　*82*

第5章　幼児の利き手とその指導　*85*

第1節　問題と目的　*87*

第2節　利き手検査方法　*89*

第3節　検査の結果と考察　*91*

第4節　利き手指導に関する調査：1987年と2007年の
　　　　比較　*103*

第5節　第5章の研究の要約　*104*

第6章 幼児期の前頭前野の活性化につながる遊び

—— 保育現場の調査 *107*

第1節 問題と目的 *108*

第2節 保育現場における調査方法 *109*

第3節 調査の結果と考察 *110*

第4節 第6章の要約 *114*

第7章 手指活動における機能的左右非対称性と前頭前野の活動 —— 近赤外線分光法による検討 *117*

第1節 問題と目的 *118*

第2節 大学生を対象とした手指活動の実験 研究Ⅰ：
操作性の高さと機能的左右非対称性 *121*

第3節 大学生を対象とした手指活動の実験 研究Ⅱ：
近赤外線分光法（NIRS）を用いた検討 *123*

第4節 乳児を対象とした手指活動の実験 *127*

第5節 第7章の研究の要約 *128*

あとがき・・・*133*

文献・・・*135*

第1章 胎向、生後3日以内の頭部の向きと、乳児期の手の活動の関係：出生前や出生直後に側性化の徴候はみられるのか？

第１節　問題と目的

第２節　胎児期の向きの測定と、
　　　　生後３日以内の頭部回旋運動検査の実施

第３節　乳児期の手の活動に関する調査の実施

第４節　総合的考察

第５節　第１章の研究の要約

手指の活動を通じて大脳半球機能の発達について検討するには、乳児期以降の発達だけではなく、それ以前の胎児期や出生直後の状態、遺伝的要因を把握し、後の手指の活動との関係を総合的にみる研究が必要である。本章は、後の利き手や操作活動における左右の手の機能分化に関連するような指標が、胎児期や出生直後にみられるのではないか、それらの指標を検討し、家族性因子を考慮しながら、初期の半球機能の発達を総合的に検討したものである。

第1節　問題と目的

　左右の大脳半球機能はどのように発達していくのであろうか。このことに関して、さまざまな仮説が提出されている。例えば、元来機能的には同等の能力を有する2つの半球が、生後発達のある特定の時期までに、機能分化が段階的に生じるという段階的発達説（Lenneberg, 1967）、出生時にすでに大脳半球機能差は存在し、その差異は発達上変化はないという発達不変説（Kinsbourne & Hiscock, 1983）、両半球の協調的な作用を重視した Luria（1973）の脳機能系理論を基に、未分化な機能がより分化した機能に、また分化した機能がより上位の機能により統合されていくという総合的分化説（坂野, 1985）などがある。

　多賀（2011）は、脳の発達は極めて動的な変化であり、段階的に見える行動の発達も、脳、身体、環境の相互作用から生じる創発的な過程であると考え、近年の脳科学研究の知見から、次のような脳の発達に関する 3 つの基本原理を提案している。

（1）胎児期の脳では、まず自発活動が生成され、自己組織的に神経ネットワークが形成された後で、外界からの刺激によって誘発される活動が生じ、さらに神経ネットワークが変化する。

（2）脳の機能的活動は、特定の機能に関連しない一般的な活動を生じた後

で、特定の機能発現に専門化した特殊な活動に分化する。

（3）脳ではリアルタイムから長期的な時間にわたる変化まで、多重な時間スケールでの活動の変化が生じるが、異なる時間スケールの間の相互作用機構を通じて、構造と機能とが共に発達する。

特に、脳の機能的な発達については、全体として統合された状態を保ちつつ、特定の機能を持つモジュールを分化させる過程であるとし、機能分化は、一般から特殊の方向へ分化するとしている。

発達初期に大脳皮質の機能的成熟過程をよく反映するとされるのは手指の活動であるが、手指の活動を大脳半球優位性からみた場合に重要となる利き手に関連するものとして報告されているのが、新生児期の自発的な頭部回旋運動の向き（例えば Coryell, 1985; Konishi, Mikawa, & Suzuki, 1986）、および新生児期の姿勢の左右非対称性（Lewkowicz & Turkewitz, 1983; Michel, 1983）である。この新生児期の姿勢の非対称性は、出生時の児の姿勢と関連するという報告（例えば Goodwin & Michel, 1981）があり、Previc（1991）は妊娠28－41週（第3三半期）に子宮内でとる児の姿勢は出生時とよく一致すること等から、脳機能の側性化は出生前に存在するのではないかと述べている。

このようなことから、本研究では、妊娠28週から出生直後に側性化の徴候がみられるか否かについて、妊娠28週から出生時の子どもの姿勢および出生直後の自発的な頭部回旋運動の向きが、後の乳児期の手の活動とどのような関係にあるのかを通して検討する。まず、胎児期の姿勢については、骨盤、横位は胎内での腕や手の位置が頭位とは異なり少数であることより、本研究では頭位に限定し、Figure 1 に示すような、背が母体左側に向かう頭位第1胎向（第1頭位）と、背が母体右側に向かう頭位第2胎向（第2頭位）という胎児のとるからだの向きによる差異を比較検討する。

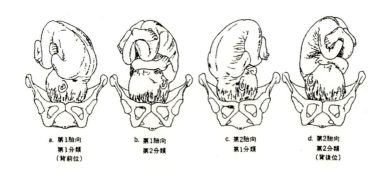

Figure 1. 胎向（真柄，1999より引用）

また本研究では、乳児期の手の活動に関して、操作活動と、操作性の低いリーチングを区別して発達過程を検討する。

第2節　胎児期の向きの測定と、生後3日以内の頭部回旋運動検査の実施

目的
生後3日以内の新生児に頭部回旋運動検査を行い、頭部の向きと胎児期の向きとはどのような関係がみられるのかを検討する。

方法
参加者　生後3日以内の、体重2500g以上、アプガールスコア9以上の健康な新生児、男児67名、女児55名、計122名。岐阜市内 I 病院にて検査。新生児室内の健康な新生児。　なお、生後3日間は新生

児室内で過ごすため、母親と同室になる４日目以降と比較し、一方向からの音、光等の影響も少なく、胎児期からの要因をより反映すると考えられる。

　手続き　胎児期の向きに関しては、妊娠28週から出生までの間の検診（28週から35週まで２週に１回、36週から出生まで週１回）において、超音波診断と医師の診察により測定がなされた。

　頭部回旋運動検査に関しては、研究者により異なる方法がとられているが、より自然に病院で実施可能な方法として、 Konishi, Kuriyama, Mikawa, & Suzuki(1987)、Turkewitz, Gordon, & Birch (1965) などを参考にした。対象児は仰臥位、覚醒状態で、対象児の運動が妨げられないよう配慮され、授乳の間の昼に毎日実施され計３回行われた。検査は初めに、対象児の頭部を正中方向に向け両手で保持し、両手に抵抗がなくなった時に保持していた両手をゆるやかに離し、５分間の自発的な頭部回旋運動が記録された。ただしあくび等の動きのある場合の記録は除去された。その後30分間頭部の向きが大きく変化することはないか観察された。

結果と考察

　頭部回旋運動の向きは、対象児の右の頬が敷布に接している状態を０°、正中線を90°、左頬が敷布に接している状態を 180°と頭部の位置を定め、次のように分類された。

　　　　右１（R1）　　　　０°　－　45°
　　　　右２（R2）　　　　45°　－　90°
　　　　右偏向（Rb）　　　左右どちらにも回旋するが、右＞左
　　　　混合（M）　　　　右　＝　左
　　　　左偏向（Lb）　　　左右どちらにも回旋するが、左＞右
　　　　左　　（L）　　　　90°　－　180°

　生後３日以内の３回の検査の内２回以上一致していることを条件にグループ分けされたが、大きな変化が認められ分類が困難になる者は

いなかった。また、妊娠28週から出生までの期間、どのからだの向き がより長期間とられていたのかについて、この期間の検診時の測定で、 検診回数の２分の１以上が第１頭位であった者を（第１頭位で変化な く一定していた者も含め）第１頭位優位、同様に検診回数の２分の１ 以上が第２頭位であった者を第２頭位優位とした。

　出生時において、第１頭位75名、第２頭位41名、骨盤位５名、横 位１名であった。このうち出生時に頭位であった（骨盤位と横位を除 く残り）116名について、胎児期のからだの向きと出生直後の頭部の 向きとの関係を検討した。頭部の向きのグループ別での第１頭位優位 者数と第２頭位優位者数はそれぞれ R1(20名、８名)、 R2(16名、11 名)、 Rb(９名、７名)、 M(８名、８名)、 Lb(９名、９名)、 L(３名、８ 名)であった。 頭部の向きを右(R1、R2)、両(Rb、M、Lb)、左(L)と し、３(頭部の向き：右、両、左)× ２(胎児期の向き：第１頭位優位、 第２頭位優位)のχ^2検定を行ったところ有意であり（$\chi^2(2)=$ 6.01, $p<.05$)、頭部の向きが右側では第１頭位優位が多く、左側では 第２頭位優位が多いことが示された。

　次に第１頭位優位65名と第２頭位優位51名において、妊娠28週か ら出生の期間、児の姿勢の変化に差がみられるか否かを検討した。姿 勢に変化がなく一定していたのは第１頭位優位 61.5 ％、第２頭位優 位 33.3 ％で、２(胎児期の向き：第1頭位優位、第２頭位優位)× ２ (姿勢の変化：一定、変化)のχ^2検定を行った結果有意な連関がみ られた（$\chi^2(1)=9.10$, $p<.01$)。第２頭位優位の方が出生時までに 姿勢を変化した者がより多かったことが認められる。Previc (1991) は、子宮の左側に、胎児の頭部とからだのために、より大きな空間が つくられているというような子宮捻転の結果、第１頭位がより自然で 安定していると述べており、子宮の圧迫のより少ない第１頭位に姿勢 を変化したのではないかと考えられる。

第3節　乳児期の手の活動に関する調査の実施

目的

　胎児期の向きや、生後3日以内の頭部の向きが、乳児期の手の活動にどのように関係しているかを検討する。乳児期の手の活動に関しては、どちらの手を好んで使用するのかという偏好性(preference)の側面と操作活動での遂行の側面の2つの側面から発達的に検討する。

方法

　参加者　頭部回旋運動検査を実施した参加者の内、乳児期の手の活動に関する追跡調査の分析上、次に示す場合は対象外とした。転居等で連絡不能となった場合、子どもを預けており観察不十分な場合、右利きになるような意図的な指導がみられる場合。最終的に男児44名、女児28名の計72名が対象とされた。

　手続き　出産入院中の母親に、生後約1年半にわたる乳児期の手の活動に関する調査を依頼した。その際、家族性左利きについての調査をあわせて行った。

　手の活動に関する調査については、利き手がどのような過程でみられるようになるのかということに関するものであること、左右に優劣のないこと、右利きでも左手で行うであろうと思われる項目もいくつか含まれていること、右利きと左利きの割合は発達初期においては、ほぼ1：1であろうとする説もあること、調査項目にある"活動のみられた時期"も早い遅いを問題とするものではないことを説明し、自然な状態での観察結果を調査用紙に記入するよう依頼した。ただしモノを提示する場合は、母親の位置や提示物が左右等距離になるよう指示された。調査内容については、偏好性の側面からは、主にリーチングに関し、より多く使用された手がどちらの手であるかが問われた。操作活動の遂行の側面からは、両手カップ、玩具等の両手使用の場合

に、受動的な保持・支えの役割をしている手と、能動的な細かい動きをしている手が各々どちらの手であるかが問われた。片手使用の場合、ガラガラ等を振る動作、指でつつく動作、手掌でたたく動作、ピンチ把握、ボール投げ、スプーンの使用、ペンの使用、積み木のつみ上げの項目において、活動を始めた時期に、より多く使用された手、器用に行う手はどちらの手であるかが問われた。また、初語、つかまり立ち、ひとり歩きも含めたすべての項目は初発時期の記入が求められた。さらに、よく用いられる手が別の手へと変化することがあれば、その時期を記入し、その頃言語発達や運動発達面等他の面でも変化がみられたかが問われた。なお質問項目は、橘(1984)の縦断的研究の結果が参考にされた。

結果と考察

　対象児72名のうち、第1頭位優位は36名（第1頭位一定22名、第1＞第2が14名）、第2頭位優位は36名（第2頭位一定15名、第2＞第1が 21名)であった。胎児期（28週－出生）のからだの向きの変化、出生直後の頭部回旋運動、乳児期の手の活動（リーチングおよび操作）、家族性左利き調査結果を Table 1 に示した。

　まず偏好性に関して、生後6カ月未満の初期のリーチングと胎児期（28週－出生）の向きとの関係を Figure 2 に示した。胎児期にどの向きでどれほどの期間を過ごしたかによって、リーチングに使用される手に差がみられるか否かを検討した。 4（胎児期の向き）× 2（リーチングに使用された手）の χ^2 検定の結果有意差がみられた（$\chi^2(3)=35.07, p<.001$）。即ち第1頭位で一定していた者はリーチングに右手が多く使用され、第2頭位の期間がより長い者は、初期リーチングに多く使用されていたのは左手あるいは左右差なし（非右手）であったことが認められた。

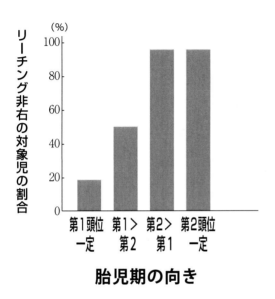

Figure 2. 生後6か月未満の初期リーチングと，妊娠28週―出生時の胎向との関係（胎児期のからだの向きのグループ別に，リーチングが非右の対象児の割合を示す）．

Table 1

妊娠 28 週—出生時の胎向，出生直後の頭部の向き，乳児期の手の活動（リーチング，操作），家族性左利き

ケース	性	妊娠週数										出生時	頭部	リーチング[a]		操作[b]	家族
		28	30	32	34	36	37	38	39	40	41			A	B		
第 1 頭位（一定）																	
1	男	I[c]	I	I	I	I	I	I				I	Rb	R	R	—	
2	男	I	I	I	I	I	I	I				I	M	R	R	—	
3	男	I	I	I	I	I	I	I	I			I	R1	R	R	—	
4	女	I	I	I	I	I	I	I	I			I	R2	R	R	—	
5	女	I	I	I	I	I	I	I				I	Rb	R	R	—	
6	男	I	I	I	I	I	I	I				I	Rb	R	R	—	
7	女	I	I	I	I	I	I	I				I	M	R	R	—	
8	女	I	I	I	I	I	I	I				I	M	R	R	—	父
9	男	I	I	I	I	I	I	I	I	I		I	R1	R	R	—	
10	女	I	I	I	I	I	I	I	I	I		I	R1	R	R	—	
11	男	I	I	I	I	I	I	I	I	I		I	R1	R	R	—	
12	男	I	I	I	I	I	I	I	I	I		I	R2	R	R	—	
13	男	I	I	I	I	I	I	I	I	I		I	R2	R	R	—	
14	女	I	I	I	I	I	I	I	I	I		I	R1	R	R	—	
15	女	I	I	I	I	I	I	I	I	I		I	Rb	R	R	—	
16	女	I	I	I	I	I	I	I	I	I	I	I	R2	R	R	—	
17	男	I	I	I	I	I	I	I	I	I	I	I	R1	R	R	—	
18	女	I	I	I	I	I	I	I	I	I	I	I	R1	R	R	—	
19	女	I	I	I	I	I	I	I	I			I	Lb	L	R	—	母
20	女	I	I	I	I	I	I	I	I	I	I	I	R1	L	R	—	
21	男	I	I	I	I	I	I	I	I	I		I	Lb	L	R	—	
22	男	I	I	I	I	I	I	I	I	I	I	I	Lb	L	L	—	
第 1 頭位 > 第 2 頭位																	
23	男	II	I	I	I	I	I	I	I	I		I	Lb	R	R	—	
24	男	I	I	I	I	I	II	I	I	I	I	I	Rb	R	R	—	父
25	男	I	I	I	I	I	I	II	II	I		I	R2	R	R	—	
26	男	I	II	II	I	I	I	I	I			L	Rb	R	R	—	
27	男	I	I	II	II	I	I	I	I	I	I	I	Lb	R	R	—	
28	男	I	I	II	II	I	I	I				I	R1	R	R	—	
29	男	I	I	II	II	II	I	I	I	I	I	I	Lb	R	R	—	
30	男	I	I	I	I	I	I	I	II			II	L	M	R	—	
31	女	II	I	II	I	I	I	I	I	I	II	II	Lb	M	R	—	
32	女	I	I	I	I	I	I	II	II			II	Rb	L	R	—	
33	女	II	II	I	I	I	I	I	I	I	I	L	L	L	M	—	父
34	男	II	I	I	I	I	I	I	II	II	II	II	R1	L	M	—	
35	男	I	I	I	I	I	I	II				I	M	L	M	—	
36	男	I	I	I	I	I	I	II	II			II	M	L	M	—	

[a] A：生後 6 か月未満の初期リーチング，B：1 歳 5 か月のリーチング，R：右手，L：左手，M：左右差なし．
[b] ◎：右手で支え，左手で細かい動き，○：左右差なし，—：右手で細かい動き，左手で支え．
[c] I：頭位第 1 胎向（第 1 頭位），II：頭位第 2 胎向（第 2 頭位）．

Table 1 (つづき)

ケース	性	妊娠週数										出生時	頭部	リーチング[a]		操作[b]	家族
		28	30	32	34	36	37	38	39	40	41			A	B		
第2頭位（一定）																	
37	女	II	II	II	II	II	II	II	II			II	R1	R	R	—	
38	女	II	II	II	II	II	II	II	II			II	M	M	R	—	
39	女	II	II	II	II	II	II	II	II	II		II	M	M	R	—	祖父（母）
40	男	II	II	II	II	II	II	II	II	II		II	R2	M	R	—	
41	男	II	II	II	II	II	II	II	II	II		II	R1	M	M	—	
42	男	II	II	II	II	II	II	II	II	II	II	II	Lb	M	R	—	
43	女	II	II	II	II	II	II	II	II			II	Rb	L	R	—	
44	男	II	II	II	II	II	II	II	II	II	II	II	R2	L	R	—	
45	女	II	II	II	II	II	II	II	II	II	II	II	R2	L	R	—	
46	男	II	II	II	II	II	II	II	II	II	II	II	L	L	M	—	
47	男	II	II	II	II	II	II	II	II			II	Rb	L	L	—	父
48	男	II	II	II	II	II	II	II	II			II	L	L	L	◎	父
49	男	II	II	II	II	II	II	II	II	II		II	Lb	L	L	○	母
50	男	II	II	II	II	II	II	II	II	II	II	II	L	L	L	◎	母
51	男	II	II	II	II	II	II	II	II	II	II	II	L	L	L	◎	母
第2頭位＞第1頭位																	
52	男	I	I	I	II	II	II	II	II	II	II	II	M	R	R	—	
53	女	II	II	I	II	II	II	II	II	II	II	II	R2	M	R	—	祖父（母）
54	女	II	II	I	II	II	II	II	II	II	II	I	Rb	M	M	—	
55	男	I	II	II	II	II	I	I				I	Lb	M	M	—	母
56	男	I	I	II	II	II	I	I	I	II		II	R1	L	R	—	
57	女	II	I	II	II	II	I	I	I	II		II	M	L	R	—	
58	女	II	II	II	II	I	I	I				I	L	L	R	—	
59	男	I	I	II	II	II	II	II	I			I	L	L	R	—	
60	男	II	II	II	II	II	I	I	I			I	R1	L	R	—	
61	男	II	I	I	I	II	II	II				II	R2	L	R	—	
62	男	I	I	II	II	II	II	II	I	II		II	L	L	R	—	母
63	女	I	I	II	II	II	II	II	II	I	II	II	R2	L	R	—	
64	男	II	II	II	II	II	I	I	I	I	II	I	M	L	R	—	
65	女	I	I	II	II	II	I	II	II	II	I	I	R1	L	M	—	
66	男	I	II	I	II	II	I	I	II	II	II	II	Lb	L	M	—	祖父（父）
67	男	II	II	II	II	II	II					II	Lb	L	M	—	父
68	男	II	II	II	II	II	I	II	II	II		II	Lb	L	M	○	母
69	男	II	II	II	II	II	II	II	I	II		II	Lb	L	M	○	
70	男	II	I	II	I	II	II	I	I	II		I	R1	L	L	—	
71	女	II	II	I	II	II	I	II	II	I		I	Rb	L	L	—	
72	男	II	II	II	II	II	II	II	I	I	II	II	R2	L	L	—	

次に、生後6カ月未満の初期リーチングと、生後3日以内の頭部の向きとの関係を検討した。初期リーチングで非右手であった対象児の割合を、頭部の向きのグループ別に示すと、右(R1、R2) 50.0%、両(Rb、M、Lb) 64.7%、左(L) 90.0%であった。 3 (頭部の向き：右、両、左)× 2 （リーチングに使用された手）の χ^2 検定の結果、10%水準で有意な連関がみられた($\chi^2(2)=5.17$, $p<.10$) 。

Table 1 に示すように、初期リーチングの時点から1歳5カ月までに、リーチングに使用される手の右への移行が、72名中31名にみられた。母親からの報告では、この移行の時期は、つかまり立ちを始めた頃（移行のあった者の44%）と、歩行開始の頃（同48%）との報告で約9割を占めた。また同時期に、細かい動きをする手と支えとなる手というように、各々の手の役割が明確に分化した操作活動がみられるようになるとの報告があった。このことから、リーチングの移行のあった31名について種々の活動の初発時期を検討してみると、その平均値及び標準偏差は、つかまり立ち開始は 9.71±1.38カ月（対象児全体では 9.78±1.20カ月） 、歩行開始は11.44±1.53カ月（全体11.39±1.46カ月） 、操作活動で手の機能分化のみられた時期は11.06±2.11カ月（全体10.94 ±1.49カ月） 、リーチングの右への移行の時期は10.53±1.22カ月であった。このように、つかまり立ちあるいは歩行開始の時期と、手の機能分化のみられるような操作活動が観察された時期、リーチングの変化がみられる時期とがかなり一致しており、それらの関連性が注目される。なお、初語に関しては、初発時期は12.26±4.37カ月（全体11.80±3.96カ月） と個人差が大きかった。また橘（1984）の乳児の手指活動についての縦断的研究においても、つかまり立ちを始めた日に、左手で支え持ったモノを、右手で繰り返したたいたり、つついたりという、左右の手の機能分化のみられる動作が初めて観察されている。この乳児の場合リーチングは一貫して右手優位で変化はなかった。また歩行開始前後で指さし行動に差がみられ、

歩行開始前は有意に左手が多く使用され、歩行開始後は有意差はない
が右手使用がより多いという結果であった。2本足で立ちそして歩く
ということはそれまでとは異なる脳の発達上の変化が推測される。

　1歳5カ月に成長した時点においては、リーチングに使用される手
と、胎児期の向き、出生直後の頭部の向きの関係はどのようになって
いるのであろうか。1歳5カ月のリーチングと胎児期の向きの関係を
Figure 3 に示した。4（胎児期の向き）× 2（リーチングに使用さ
れた手）の χ^2 検定を行った結果、有意な連関がみられた（χ^2 (3)
＝13.20, p<.01）。即ち、胎児期に第1頭位の期間の長い者は右手使
用が多く、第2頭位の期間の長い者は非右手でのリーチングの割合が
前者より多いという結果が得られた。次に1歳5カ月におけるリーチ
ングと生後3日以内の頭部の向きとの関係を検討した。リーチングで
非右手であった対象児の割合を頭部の向きのグループ別に示すと、右
(R1、R2) 17.9％、両(Rb、M、Lb) 38.2％、左(L) 50.0％ であった。
3（頭部の向き：右、両、左）× 2 （リーチングに使用された手）の χ^2
検定の結果、10％水準で有意な連関がみられた（χ^2 (2) ＝4.67, p<
.10）。 生後3日以内の頭部の向きが右側であった者は右手使用が多
く、頭部の向きが左側であった者は非右手でのリーチングの割合が他
のグループより多いという傾向がみられた。以上のことから右利きに
なるよう意図的な指導がなされない場合、胎児期の向き、出生直後の
頭部の向きは、乳児期のリーチングに関係する要因として考えられる。

　操作活動に関しては、両手使用において、母親が自然観察の中で明
確な手の機能分化を認めていたのは 8－12カ月頃からで、対象児72
名のうち66名はリーチングの左右に関わりなく、右手は細かい動きを、
左手は支えの役割をしており、この機能分化を認めた時点から、左右
が大きく逆転することはなかった。機能分化がみられず左右同じよう
であると報告があったのは3名で、多くの対象児とは逆に、左手で細
かい動き、右手で支えの役割をしていたのは3名であった。

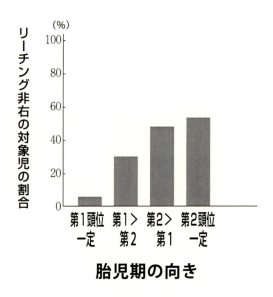

Figure 3. 1歳5カ月のリーチングと,妊娠28週−出生時の胎向との関係(胎児期のからだの向きのグループ別に,リーチングが非右の対象児の割合を示す).

　少数のため Table 1 に示す個別データから、この6名（ケース番号：48、49、50、51、68、69）の特徴を分析すると、胎児期の向きについては、6名はいずれも妊娠28週−出生までの大半の期間が第2頭位であった。左手で細かい動きをしていた3名については第2頭位で一定していた。出生直後の頭部の向きに関しては、6名はより左側の L、Lb のグループに属し、その中で左手で細かい動きをしていた3名は Lグループであった。家族性左利き調査からは6名中5名は親が非右利き（母親が4名）であった。乳児期のリーチングについては、

初期リーチング、1歳5カ月のリーチングともに6名全員が非右であった。

このようなことから、少数のデータではあるが、胎児期の向きが第2頭位一定、出生直後の頭部の向きが左側に加え、家族性左利きという要因が重なる場合、操作活動における非右の可能性が高くなるのではないかと思われる。リーチングの非右はより多くの対象児にみられ、これらの要因が関係しているものの操作活動ほど明確ではないと思われる。

また本研究では、右手で細かい動き、左手で支えという機能分化が、自然観察の中で8カ月以降約92%の乳児に偏好性の左右に関わりなく認められたが、橘・池上（1992）は透明のプラスチック製両手カップを用いて手指の動きを検討するという実験的研究で、リーチングが確立していない4カ月児を対象とし、右手で細かい動き、左手で支えという手の機能分化を16名中15名（1名は左右逆転）に認めている。

片手を使用し技能を要する操作が求められる活動（つまむ、ボールを投げる、スプーンを使用する、ペンを使用する、積み木をつみ上げる）と、継時的反復的活動（振る、つつく、たたく）の項目については、各々の活動の初発時期に、前者は器用に行われた手、後者は多く使用された手が調査された。これらの活動とリーチングは同時期に同じ手が優位するのであろうか。関連をみるために、上記の活動で優位する手と、同時期にみられるリーチングで優位する手を比較すると、リーチングでは非右手優位であった対象児の中で、上記の活動では逆に右手優位を示した対象児の割合は、つまむ62.5%、投げる50.2%、スプーン71.4%、ペン42.8%、積み木57.1%、振る75.0%、つつく77.8%、たたく83.3%であった。リーチングは非右手優位でも継時的反復的活動は特に右手優位を示す者が多い。なお、振る、つつくについては、まだリーチングの観察されない生後2カ月よりすでに右手優位がみられたため、後の初期リーチングに多く使用された手と比較し

たものである。橘（1984）の縦断的研究においても、つつくは1カ月、振るは2カ月で右手優位がみられており初期リーチングより以前に観察されている。またペンの使用について右手優位の数値が低いのはどちらの手が器用であるかの判断がまだ困難であるためではないかと思われる。以上の結果は、好んで使用される手は非右手であっても、逆に右手の方が器用であったり、継時的反復的活動で右手が優位するということがあり得ることを示し、偏好性と操作活動の遂行の優位側は発達的変化が異なることを示すものであると考えられる。なお、リーチングで右手優位を示した対象児は全員、細かな操作の器用さ、継時的反復的活動ともに右手優位であった。

第4節　総合的考察

本研究では、大脳半球機能の発達に関して、出生前や出生直後に側性化の徴候がみられるか否かを、胎児期のからだの向き、出生直後の頭部の向きと、乳児期の手の活動との関係を通して検討した。

胎児期の向きと出生直後の頭部の向きとの関係では、頭部の向きが左側の者では胎児期に第2頭位優位者が多く、頭部の向きが右側の者では第1頭位優位者が多いことが示された。また胎児期の姿勢の変化は第2頭位優位者に多くみられたが、胎児の向きや位置はどのように決定されるのであろうか。Previc（1991）は、胎児期の側性化は、母体側と胎児自身の両方からの要因によると考えられるが、母体側で最も重要であるのは子宮の捻転で、さらに胎盤の付着部位の違いや、子宮の左右の筋肉繊維組織が異なるため非対称的な筋肉収縮が予測されることが、胎児の向きや位置に影響を及ぼしているであろうと述べている。また次のような適合説が参考となる。即ち、子宮腔の形と胎児の形とが一致しないときには、子宮壁も胎児も、ある部位で圧迫刺激を受けることになり、この刺激によって子宮筋は収縮し胎児は自己運

動を起こし、胎児の位置を変え、両者の形が適合する位置になる（真柄，1999）というものである。遺伝的な要因、病理的な要因、その他の要因からも、その胎児にとって最も適切な向きや位置をとるのではないかと思われる。

　乳児期の手の活動について偏好性と操作活動での遂行の２つの側面から検討したが、偏好性に関しては、リーチングと胎児期の向きとの関係は、第１頭位優位者は右手でのリーチングが多く、第２頭位優位者は非右手でのリーチングの割合がより多いということが示された。リーチングと出生直後の頭部の向きとの関係では、頭部の向きが右側では右手リーチング、頭部の向きが左側では非右手リーチングの割合がより多いという傾向がみられた。

　生後まもない時期の頭部の向きは、脳の形態にも影響されるのではないかと考えられるが、脳の形態と利き手に関してコンピュータ断層撮影法により頭蓋の左右差を分析した研究がある。それらの研究によると、右利きでは右の前頭葉が大きく（突出し幅広く）、後頭葉では左が大きいという割合が多く、左利きではこの左右差がみられないか逆であることが多いという知見が得られている(例えば、Galaburda, LeMay, Kemper, & Geschwind, 1978)。このことは、形態的にも右利きは頭部が右側に回転しやすく、左利きは非右の方向に回転しやすいということが考えられ、リーチングと頭部の向きとの関係について本研究の結果を裏づけるものである。

　操作活動での遂行に関しては、両手使用の場合、対象児の約92％が８カ月以降の操作活動で、右手は細かい動き、左手は支えの機能分化が、リーチングの左右に関わりなく認められた。片手使用の場合には、まだリーチングのみられない２カ月から継時的反復的活動での右手優位が観察され、また細かな操作の要求される活動の器用さにおいても右手優位がリーチングでは非右の者にも認められた。このようなことは、リーチングのような偏好性の優位側と操作活動の遂行優位側の発

達的変化は異なるものであること、また遂行の側面から器用さを検討する方がより早期に機能分化がみられることを示すものである。

　大脳半球機能の発達について、前述したようにさまざまな仮説がある。その中で、Jackson（1869）の説は言語機能に関するものであるが、偏好性の発達と操作活動での遂行の発達を考えるうえで重要な示唆を与えていると思われる。

　Jackson（1869）は、言語には両半球が関わっており、その関わり方は神経系の階層的組織化のレベルによって異なると述べている。即ち、最も低次なレベルでの言語機能（情動的発声や不随意的な原初的言語反応）は両半球にまたがっている。中間レベル（理解の過程、これは話しことばより自動的な過程である）では一側化している程度は低く、最も高次なレベル（叙述的言語）では優位半球の進化と密接に関係しているというものである。分離脳患者による研究で、右半球の言語機能は、話すことと書くことはほとんど不可能であり、話しことばの理解と読解は可能ではあるがかなり低次のものであることが確かめられている（杉下，1991）。

　大脳半球の機能差が発達に伴って変化するのか、発達的に不変なのか、一律にどちらかに決定するのではなく、機能的階層化のレベルによって異なるというとらえ方を参考にし、手の活動においても両半球が関わっており、その関わり方は神経系の階層的組織化のレベルによって異なるであろうということを考えるならば、手の活動においては、そのレベルは技能を含む操作性が大きな要因となるのではないかと思われる。つまり、操作性の高い活動は発達初期に一側化がみられるが、リーチングのような操作性の低い活動では一側化の程度は低いと推論される。

　本研究の結果は、このことを支持するものであった。即ち、操作活動での左右の手の機能分化が、まだリーチングの観察されない段階でみられたり、リーチングに優位する手が左右どちらであっても関係な

くみられたこと、そして、リーチングでは優位する手の移行が約43%
にみられたが、操作活動の遂行では機能分化を認めた時点から左右の
手の役割が大きく逆転したという報告はみられなかった。なお、技能
を要する活動が熟練されると、両半球の機能が分化されたうえでの、
高度な協調的相互作用がなされるようになるのではないかと思われる。

　また、両手操作活動において明確な左右の機能分化が観察された時
期、リーチングに使用される手の右への移行時期は、つかまり立ちあ
るいは歩行開始の時期とほぼ一致するという母親からの報告は、しっ
かりと２本の足で着地することが，大脳半球機能の発達のうえからも
重要な事柄であることを示唆している。直立２足姿勢は視野が広がり
空間認識を発達させる。そして目標物に向かって能動的に働きかけた
いという内発的動機づけにより、外界への積極的な探索活動が活発な
り、手指で探索的に触れる機会も多くなる。さらに、しっかりと着地
し左右の足の裏に刺激を受けることが、それぞれの大脳半球の機能を
より活性化させることにつながるという可能性も考えられる。
Zelazo, Zelazo, & Kolb（1972）の研究では、生後２カ月間の歩行反射
訓練（足の裏は平面に触れる）を行った群は歩行学習が促進され、対
照群に比べ１カ月以上早く歩行が開始されたが、同じ時間の訓練を
行っても着地せずに乳児用椅子もしくはベッドに横たえて足と腕の曲
げ伸ばし運動をするのでは効果はなかったことが注目される。しっか
りと着地することの意義は、高齢者や病気療養者などにも関係するも
のと思われる。

　本研究において指標とした、胎児期（妊娠28週以降）のからだの向
きおよび出生直後の頭部の向きは、後の乳児期における手の機能的左
右非対称性と関連がることが示唆された。特に操作活動においては、
胎児期の向きが第２頭位で一定していること、出生直後の頭部の向き
が左側であること、家族に非右利き者のみられること、これらが重な
る場合（本研究で該当するのは３名ではあったが、操作活動では他の

対象児とは左右逆の機能分化がみられた）、強い左利きの要因を出生前にすでにもっている可能性が考えられる。本研究の対象年齢以降は右利きへの指導も多くなると考えられるが、それまでにあらわれる側性化の徴候を無視してはならないと思われる。

また操作活動については、本研究では縦断的な全体的把握を目的としたため、養育者からの日常の自然観察報告によるものであったが、より詳細な実験的研究が今後必要であろう。

第5節　第1章の研究の要約

1．大脳半球機能の発達について検討するには、乳児期以降の発達だけではなく、それ以前の出生直後や胎児期の状態、遺伝的要因を把握し、乳児期以降の発達との関係を総合的にみる研究が必要である。本研究は、出生前や出生直後に側性化の徴候がみられるか否かを、胎児期のからだの向き、出生直後の頭部の向きと、乳児期の手の活動との関係を通して検討したものである。また、遺伝的要因として家族性左利き調査をあわせて行い、手の活動に関連する初期の大脳半球機能の発達を総合的に検討することが本研究の目的である。

2．参加者は、生後3日以内の健康な新生児、男児67名、女児55名の計 122名で、頭部回旋運動検査が行われた。この検査は、仰臥位、覚醒状態で、対象児の頭部を正中方向に両手で保持しゆるやかに離した後の5分間の自発的な頭部の動きを記録するもので授乳の間の昼に毎日実施され計3回行われた。すべての参加者は出生前の検診により胎児期の向きの測定がなされている。対象となった子どもの養育者に、乳児期の手の活動に関する追跡調査を約1年半にわたり依頼した。そのなかで、連絡不能、観察不十分、右利きへの意図的な指導で対象外となった者を除き、最終的に、男児44名、女児28名の計72名が対象となった。

3．主な結果は次のとおりである。

（1）　胎児期の向きと出生直後の頭部の向きとの関係では、頭部の向きが左側では胎児期に第2頭位優位者が多く、頭部の向きが右側では胎児期に第1頭位優位者が多いことが示された。また、胎児期の姿勢の変化は第2頭位優位者に多くみられた。

（2）　乳児期の手の活動に関しては、どちらの手を好んで使用するのかという偏好性と、操作活動での遂行の2つの側面から検討した。

偏好性については、リーチングと胎児期の向きとの関係は、第1頭位優位者は右手でのリーチングが多く、第2頭位優位者は非右手でのリーチングの割合がより多いということが認められた。リーチングと出生直後の頭部の向きとの関係では、頭部の向きが右側では右手リーチング、頭部の向きが左側では非右手リーチングの割合がより多いという傾向がみられた。

操作活動での遂行に関しては、両手使用の場合、対象児の約92％が8カ月以降の操作活動で、右手は細かい動き、左手は支えの機能分化が、リーチングの左右に関わりなく認められた。片手使用の場合には、まだリーチングのみられない2カ月から継時的反復的活動での右手優位が観察され、また細かな操作の要求される活動の器用さにおいても右手優位がリーチングでは非右の者にも認められた。このようなことは、リーチングのような偏好性の発達過程と操作活動の遂行の発達過程は異なるものであること、また操作性の方がより早期に機能分化がみられることを示すものである。つまり、操作活動は発達初期に一側化がみられるが、リーチングのような操作性の低い活動では一側化の程度は低いと考えられる。

（3）　優位な手の移行については、養育者の報告によれば、操作活動の遂行では機能分化を認めた時点から左右の手の役割が大きく逆転したという報告はみられなかったが、リーチングでは72名中31名に右への移行がみられ、その時期はつかまり立ちをはじめた頃と歩行開始

の頃で約9割をしめた。偏好性は一側化の程度が低いことに加え、運動発達など他の要因によって機能的優位性が影響を受けることや、脳の発達の質的変化が反映されることも考えられる。

（4）　以上の主な結果から、胎児期（妊娠28週以降）のからだの向きおよび出生直後の頭部の向きは、後の乳児期における手の機能的左右非対称性と関連があることが示唆された。特に、胎児期の向きが第2頭位で一定していること、出生直後の頭部の向きが左側であること、家族に非右利き者のみられること、これらが重なる場合、操作活動の遂行において、強い左利きの要因を出生前にすでにもっている可能性が考えられる。

第2章　乳児における手指活動の機能的左右非対称性：
最も早期の集団健診受診児における横断的研究

第1節　問題と目的

第2節　リーチング観察以前の操作活動の実験

第3節　結果

第4節　考察

第5節　第2章の研究の要約

個人が先天的にもつ大脳半球優位性や、生後の大脳半球機能の発達過程が、なんらかの指標に反映され、大脳半球機能の発達を考慮し個人のもつ特徴を重要視しながら教育することができれば、個人の能力を十分に引き出すことにつながると思われる。大脳半球機能がどのように発達していくのかを検討するためには、発達初期からの分析が不可欠となると思われる。この発達初期の段階には言語活動はとらえにくいが、この段階においても大脳皮質の機能的成熟過程をよく反映するとされる手指の活動は、きわめてよい指標となると考えられる。

　手指の活動を指標としたチンパンジーやヒトの研究からは、技能を含む操作性の高い活動では、右利きは常に右手使用、左利きは常に左手使用といった一方の手への極端な偏り（一側性）がみられるのに対し、リーチングを行ったり、小さい物を拾うというような操作性の低い活動では、極端に一方の手に使用が偏ることはなく、一側性の程度は低いという報告があるが、発達初期が対象とはされていない。決定的な知見はないものの、ゲゼル（Gesell, 1940　山下訳, 1966）は手を用いた頻度より巧さを測度とした方が利き手の早期発見に効果的であろうと述べており、技能を含む操作性の高い活動において早期に一側化がみられることを示唆している。このようなことから、大脳半球機能の発達について検討するためには、技能を含む操作性の高さを重要な要因としてとらえることが必要であると思われる。

　操作性と大脳半球機能の一側化については、言語機能のレベルによって一側化の程度が異なると述べた Jackson（1869）の説から推論し、次のような仮説が考えられる。手の活動には両半球が関わっており、その関わり方は神経系の階層的組織化のレベルによって異なるのではないかと思われる。手の活動においては、そのレベルは技能を含む操作性の高さが大きな要因となると考えられ、操作性の高い活動は発達初期に一側化がみられるが、リーチングのような操作性の低い活動では一側化の程度は低く、他の要因すなわち言語発達（その指標と

して例えば初語）や運動発達（その指標として例えば歩行開始）など
によって機能的優位性が影響を受けることや、脳の発達の質的変化が
反映されることも考えられる。

　このようなことを検討するためには、できるかぎり発達初期の手指
の活動について、操作活動と、リーチングのような操作性の低い活動
では、発達過程が異なるのかどうか横断的および縦断的に検討する必
要がある。

　前章(第1章)において、胎児期のからだの向きや出生直後の頭部の向
きが、後の乳児期における手の機能的左右非対称性に関連があること、
またリーチングと操作活動の発達過程が異なるものであることが示唆
されたが、乳児期の手の活動について、より詳細な検討を第2章、第
3章で行う。

　本章では、最も早期の集団健診である4カ月児健診の受診児を対象と
する横断的研究において、リーチングがまだみられない乳児において、
一方の手で細かい動き、他方の手で支えというような手指操作の基礎
となるような左右差がみられるか否か、リーチングがみられる乳児で
は、リーチングに優位な手と操作活動に優位な手の関係はどのようで
あるのかを検討する。即ち、技能を要する程度によって一側化を示す
時期や一側化の過程に差異がみられるのか、（より多く好んで使用さ
れるという）偏好性の優位側と操作性の優位側の発達的な関係はどの
ようであるのかを検討する。また手指操作に、対象物が見えるか見え
ないかという視覚的な要因がどのように関わっているのかを検討する。

第1節　問題と目的

　リーチングや操作活動への技能の影響に関する研究は数少ないが、
一側化は課題の技能を要するレベルに関係があるのではないかとする
研究がある。　Miller（1982)は、3歳から10歳の71名を対象とした研究

で、次のような報告をしている。即ち、高技能課題は年齢が高くなるにしたがって一側化が進み、利き手と非利き手の成績差が広がっていくという、両側性から一側性への発達傾向がみられる。一方、低技能課題では一側化されない状態のまま年齢的な変化はみられない。そして高技能課題が認知能力検査の成績と関連するという結果を報告している。　高技能課題は、縦に並んだ 5／16インチの直径の円の中に、×印を円周に触れずに片手で30秒間できるだけ速くペンで描くという器用さが要求されるもので、低技能課題は、横に並んだ1／2インチのマス目の中に、点を片手で30秒間できるだけ速く打つことが要求されるものであった。技能を要するレベルの高い活動では一側化がみられ、技能を要するレベルの低い活動では一側化はみられないままであること、つまり技能を要するレベルにより一側化の過程が異なることが示唆される研究結果であり興味深い。しかし年齢が高くなるにしたがって一側化が進むという点に関しては次のような問題点も考えられる。例えば、高技能課題が低年齢では十分な技能を持ち合わせていないために得点が低く、そのことが利き手と非利き手の成績差があらわれないことにつながる可能性がある(床効果)。 3歳と10歳では技能レベルは異なるであろう。対象児の技能レベルを考慮したうえで技能を要する課題を設定すれば、低年齢でも左右の手の成績差があらわれることも考えられる。発達的に両側性から一側性へとなる傾向があるのかという問題については、より低い年齢、発達初期に技能を要する手の活動を詳細に検討する必要があると思われる。発達初期より一側化がみられる可能性も考えられる。

　発達初期の手の活動を検討する際には、進化の過程を考えるうえでチンパンジーを対象とした研究報告が参考になると思われるが、技能を含む操作性の高い活動と、リーチングのような操作性の低い活動とは区別して検討すべきではないかと考えられる結果が得られている。即ち、言語訓練を受けてきたチンパンジーは、鍵をはずしたり、コン

ピュータのカーソルを移動させるレバーを操作するような高い技能を要する細かい動きは、ほぼ一貫して右手を使用するが、餌へのリーチングなど操作性の低い動きでは右手使用の割合は減少している（例えば、 Morris, Hopkins, & Bolser-Gilmore, 1993；Hopkins, 1991）。野生チンパンジーにおいても、石を用いたヤシの実割りで、ハンマーになる石を握る手は個体のレベルで100％定まっているが、好物の実をとる際には一応優位な手はあるが、どちらの手でも実をとることが認められている（松沢, 1991）。

　それでは、ヒトの発達初期においても、リーチングのような操作性の低い活動と、操作活動では、一側化を示す時期や一側化の過程に違いがあるのであろうか。偏好性の優位側と操作性での優位側の発達的な関係はどのようであろうか。本研究では、操作活動とリーチングに優位な手を比較するうえで必要となる、リーチングがみられる者と、まだリーチングのみられない者がいる時期で、最も早期の集団健診という条件を満たす4カ月児健診受診児を対象とした横断的研究を報告する。リーチングはまだみられない者でも、一方の手で細かい動き、もう一方の手で支えというような手指操作の基礎となる左右差がみられるか否か、またリーチングがみられる者では、リーチングに優位な手と、手指操作における優位な手がどのような関係にあるのかを検討する。また手指操作に視覚的な要因がどのように関わっているのかについても検討する。

第2節　リーチング観察以前の操作活動の実験

参加者　大阪府M保健所4カ月児健診受診対象児。生後 116－130日（平均日令 123.5日）、出生時体重 2500g以上の健康な男児9名女児7名、計16名。

刺激材料　Figure 4 に示すような、参加者が持ちやすく指の位置が分析しやすい透明のプラスチック製、両手カップおよび片手カップ（両者とも直径8cm、高さ6cm、重さ20g）。これらのカップには、指の細かい動きが出現しやすいように、やはり透明のスプーンが中央に貼り付けられ、実験中に落ちないように固定されている。さらに乳幼児発達検査用の鐘、ヒト刺激としてキューピー人形（全長15cm、頭囲20cm）が用いられた。リーチングにおいては乳幼児発達検査用の積み木、鐘、前述のキューピー人形、対象児と同大の布製の人形、哺乳ビンが刺激材料とされた。

手続き　個別実験で、参加者は母親の膝の上で、手や腕の動きが妨げられないように支えられた。手指操作では、 Figure 5 に示すように参加者の眼前にスクリーンが置かれ、参加者から刺激が見えるように作成された透明スクリーン（60cm×80cm）が用いられている 可視条件（Ｖ条件）と、参加者からは刺激が見えないように厚紙で作成されたスクリーンが用いられている 不可視条件（ＩＶ条件）の2条件が設けられた。両条件のスクリーンはサイズ、形ともに同じであった。Figure 5 のように、参加者はスクリーンの円形に切り取られた部分から手を出し刺激に触れた。実験は、参加者の前方 1.5m にあるカーテンの隙間より、ビデオカメラで撮影されており、2人の実験者のうちの 1人が、参加者の前方から体の正中線上（左右等距離）に刺激を保持させ、参加者が刺激をしっかりと保持した上で、実験者が刺激を離した時点より試行が開始され、参加者の2つの手が刺激から離れるまでを保持時間とし、記録された。またＶ条件では、この保持時間内の刺激に対する注視時間がビデオ画像の分析より記録された。

Figure 4. 刺激材料の例：左は両手カップ，右は片手カップを示す．

Figure 5. 実験状況

リーチングでは、刺激が参加者の眼前（手が刺激対象に届く範囲）に左右の手から等距離に、糸で吊され提示される状況と、実験者の手で提示される通常の実験状況の2種類で行われた。前者は、指の動きの撮影、画像分析上での問題を考慮したためである。

なお刺激提示順序は、手指操作、リーチングともにランダムで、片手カップおよび鐘は、柄を左手で保持した場合と右手で保持した場合の2種類の試行が行われた。

第3節　結果

手指操作　左右の手の保持時間と注視時間の分析を行った。2名の実験者間の一致率は96％であった。各々の刺激に対する、左右の手の平均保持時間ならびに平均注視時間を条件別に示したのが Figure 6 である。

各々の刺激の保持時間について、条件(2) ×手の左右差(2) の分散分析を行った。両手カップについては、条件の主効果が有意差であり、V条件が保持時間が長いという結果が得られた（$F(1,15)=14.27$, $p<.01$）。また、左右差の主効果もみられ、有意に左手の方が保持時間が長かった（$F(1,15)=4.55$, $p<.05$）。交互作用は有意でなかった。片手カップに関しては、条件の主効果が有意差であり、V条件が保持時間が長く（$F(1,15)=10.91$, $p<.01$）、左右差の主効果では左手の方が保持時間が長いという傾向がみられた（$F(1,15)=3.28$, $p<.1$）。交互作用は有意でなかった。鐘とキューピー人形に関しては、条件、左右差の主効果および交互作用に有意差は認められなかった。鐘に有意差がみられなかったのは、鐘は把握しやすく、刺激の見えないIV条件においても、また右手でも、比較的保持時間が長くなったためと思われる。加えて鐘は、4名の参加者において右手が顕著に保持時間が長く、参加者間での差異がみられた。キューピー人形については、手の左右

差はみられないが、注視率（注視時間／保持時間）が非常に高いという結果がみられたことは（平均注視率：キューピー人形97.56％、両手カップ54.03％、片手カップ23.89％、鐘18.67％）、操作する対象としてのモノではなく、ヒト刺激であったためではないかと考えられる。

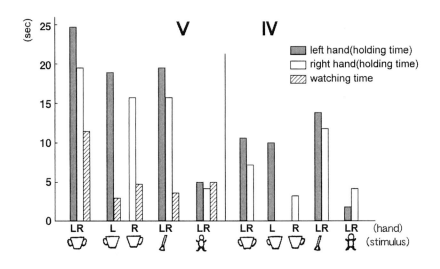

Figure 6. 可視(V)条件と 不可視(IV)条件における左右の手の平均保持時間ならびに平均注視時間.

次に、操作活動中の指の動きに、左右の手で違いがみられるのか検討するために、5指の中で動きの多かった第2指の指尖の動きを、ビデオ画像をコマ送りにして分析した。同一参加者の、両手カップのV条件とIV条件における指の動きの軌跡を示したのが、Figure 7 であ

る。この例にみられるように、カップの中に指を入れてみたり、カップの縁を持ったり、スプーンに触れたりという、細かい動きは右手で多くみられ、左手は柄を握り支える役割をして動きは少なかった。この左右の手の役割の違いは、IV条件でもみられるが、V条件の方が保持時間も長く、この左右差が顕著にみられ、目と手が協応して、左右の手がそれぞれの役割をしていることがうかがえる。16名中6名は、V条件において、両手カップおよび片手カップを口に持っていき飲む動作をしていた。

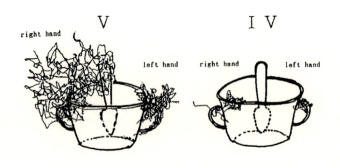

Figure 7.　可視(V)条件と不可視(IV)条件の第2指の指尖の軌跡.

リーチング　対象に対する視覚的な注意から、手を伸ばし、対象に接触し、把握行動に至るまでが可能であったのは、男児1名（左手優位）であった。対象への接触までの行動がみられたのは男児1名（右手優位）、接触はできないが手を伸ばすまでの行動がみられたのは男児2

名（ともに左手優位）と女児 1 名（右手優位）であった。伸ばすまで
には至らないが手腕の動きが観察されたのは男児4名と女児4名。対象
に対する視覚的な注意のみで手腕の動きがみられないのは男児1名と女
児2名であった。リーチングにおいて男児は左手優位の傾向がうかが
える。また参加者と等身大の人形やキューピー人形のヒト刺激には、
目を大きく見開き、身をのりだし、凝視したり、笑顔がみられたり、
声を発したりという反応があり、モノ刺激より明確な腕の動きが多く
観察された。なお、糸での刺激提示と実験者による提示に顕著な反応
の差はみられなかった。

　リーチングが上記のどの段階であっても、またリーチングにおいて
優位な手がどちらの手であっても、1名を除いた参加者全員が、手指
操作においては左手の平均保持時間が長かった。この1名は、右手の平
均保持時間が長く、リーチング課題の際には、対象に対し左手を伸ば
す行動がみられ右手に動きのみられなかった男児であった。

第4節　考察

　手指操作の基礎をみるためのカップ刺激では左手の平均保持時間が
長いという結果が得られたが、この保持は能動的な意味での把握
(grasping) とは異なり、受動的な意味での保持 (holding) であり、カ
ップ刺激の中でも両手カップが片手カップより左右の手の役割（例え
ば、右手は細かい動き、左手は保持）が分担され、その差が顕著にみ
られた。しかしながら鐘に左右差がみられなかったのは、右手が著し
く保持時間の長い4名にみられるように参加者間に差があり、鐘自体の
形態上、鐘を保持するというよりも能動的に把握していた参加者もい
たためではないかということも考えられる。　Young, Segalowitz,
Misek, Alp, & Boulet (1983) によれば、研究数は少ないが、能動的な
意味での把握に関する研究では、強さと持続時間において右手優位の

結果がでており、逆に受動的な意味での保持（手掌での保持を含む）に関する研究では、左手優位の結果がでていると報告されている。

　視覚的に導かれるリーチングの発達において、視覚的要因が重要であることはもちろんであるが、手指操作においても、Ｖ条件は全体的に保持時間が長く、左右の手の活動の差異もＩＶ条件より顕著にみられ、目と手の協応がその発達に重要であることが示唆される。

　リーチングにおいて男児に左手優位の傾向がうかがえたが、男児に左利きが多いという、数多くの研究がある（例えば、 Hatta & Kawakami, 1995；Rice, Plomin, & DeFries, 1984；Bryden, 1977）こととの関連性が考えられる。

　リーチングは生後20週頃生じるとされるが、本研究の参加者は16－18週の乳児で、腕の動きが対象への接触までに至らない者が大部分であった。リーチングがどの段階であっても、またリーチングのみられた者ではリーチングに優位な手がどちらであるかに関係なく、手指操作の基礎となる左右の手の機能的な差異は全員にみられ、右手が細かい動き、左手が支え・保持という機能分化がみられたのは16名中15名、逆転していたのは１名のみであった。この１名は、リーチング課題で対象に対し左手を伸ばす行動がみられ、手指操作課題においても右手が平均保持時間が長く、本研究の結果のみで断定することはできないが、細かい動きのような継時的処理が右半球、支えのような空間的処理が左半球でなされていることが推測され、将来左利きとなる可能性が考えられる。

　発達初期からこのような左右の手の機能的非対称性、機能分化が全員にみられたことは、 Miller（1982）の述べるような、技能を要する程度の高い活動では年齢が高くなるにしたがって一側化が進み、両側性から一側性への発達傾向がみられるということは考えにくくなる。そして、操作活動の方が、リーチングのような操作性の低い活動より早期に一側化がみられることが示された。

このようなことから、チンパンジーを対象とした諸研究（例えば、Hopkins, 1991）や Bryden （2000）などの研究で示唆されたように、発達初期においても、リーチングのような偏好性の発達過程と手指操作の発達過程は異なるものであると考えられる。偏好性と操作性のそれぞれの発達過程がどのようなものであるのかを検討するために、詳細な縦断的研究が必要である。

またヒト刺激とモノ刺激に関しては、ヒト刺激は注視率（注視時間／保持時間）が非常に高いという結果や、目を大きく見開き、身をのりだし、凝視したり、笑顔がみられたり、声を発したりという反応があり、モノ刺激より明確な腕の動きが多く観察されるという結果が得られた。このように顔の知覚がモノの知覚と根本的に異なる特異性をもつことは、新生児を対象とした Walton, Armstrong,& Bower (1997)など多くの研究から認められている。最近、顔知覚の神経機構に関する多くの知見が報告されており、諸研究の結果を集約し提案された Haxby, Hoffman, & Gobbini (2000, 2002) の顔知覚の神経機構モデルでは、顔に関わる種々の情報処理が、下後頭回、上側頭溝、紡錘状回などを含む、脳の多くの領域に分散して実行されるとしている。また、動きを伴う表情を知覚することにより、知覚者自身の表情表出を誘発する可能性が報告されており(吉川, 2003)、本研究の、ヒト刺激がモノ刺激より顕著に腕の動きが多く観察された結果を考えあわせると、養育者の表情が、乳児の能動的な活動に与える影響は大きいと思われる。

第5節　第2章の研究の要約

1．本研究は、発達初期の手の活動について、操作活動と、リーチングのような操作性の低い活動では、左右の手の機能的な差異、一側化を示す時期や一側化の過程が発達的に異なるのかどうか、偏好性の優

位側と操作活動での優位側の発達的な関係はどのようであるのか、横断的に検討したものである。リーチングがまだみられない乳児において、一方の手で細かい動き、他方の手で支えというような手指操作の基礎となるような左右差がみられるか否か、リーチングがみられる者では、リーチングに優位な手と操作活動に優位な手の関係はどのようであるのかを検討すること、また手指操作に視覚的な要因がどのように関わっているのかを検討することが、本研究の目的である。

2．参加者は、最も早期の集団健診である4カ月児健診受診児で、生後 116－130日（平均日齢 123.5日）、出生時体重 2500g以上の健康な男児9名、女児7名、計16名が対象とされた。

3．刺激材料には、スプーン付の両手および片手カップ、積み木、鐘、哺乳ビン、さらにヒト刺激として、キューピー人形、参加者と等身大の布製の人形が用いられた。参加者は母親の膝の上で支えられ、手指操作に関しては、眼前に透明スクリーンが用いられている 可視条件（V条件）と、厚紙で作成されたスクリーンが用いられている 不可視条件（IV条件）の2条件が設けられた。参加者はスクリーンの円形に切り取られた部分から手を出し、刺激保持時間内の左右の手指の動きがビデオカメラで記録された。リーチングに関しては、刺激が参加者の眼前に左右の手から等距離に提示され、手の動きがビデオカメラで記録された。

4．手指操作の基礎をみるためのカップ刺激では左手の平均保持時間が長く、また刺激の見える可視条件で保持時間が長いという結果が得られた。第2指の指尖の動きの分析でも、細かい動きは右手で多くみられ、左手は柄を握り支えの役割をして指の動きは少なく、この左右の手の役割の違いは可視条件の方が顕著にみられた。目と手の協応が発達に重要であることが示唆される。人形は、手の左右差はみられないが腕の動きが多く、身をのりだし笑顔がみられ、注視率が非常に高いという結果が得られ、操作する対象としてのモノではなくヒト刺激

であったためと考えられた。

　5．リーチングがまだみられない段階であっても、またリーチングが
みられる段階にあっても優位な手がどちらの手であるかに関係なく、
手指操作の基礎となる左右の手の機能的な差異は全員にみられた。右
手が細かい動きで、左手が支え・保持という機能分化がみられたのは
16名中15名、左右逆の機能分化が１名であった。このような機能分化
が全員にみられたことは、　操作活動の方が、リーチングのような操作
性の低い活動より早期に一側化がみられることを示している。また、
リーチングのような偏好性の優位側の発達的変化と手指操作における
動作遂行能力優位側の発達的変化は異なるものであると考えられる。

第3章 乳児における手指活動の機能的左右非対称性：
出生から1歳までの縦断的研究

第1節　問題と目的

第2節　　左右非対称性を示した手指活動の内容と
　　　　　その出現時期

第3節　指さし行動とパッティングの頻度調査

第4節　総合的考察

第5節　第3章の研究の要約

前章（第2章）では、操作活動と、リーチングのような操作性の低い活動では、一側化を示す時期や一側化の過程に差異がみられるのか、また偏好性の優位側と操作活動の優位側の発達的な関係はどのようであるのかを検討する目的で、最も早期の集団健診である4カ月児健診受診児を対象に横断的研究を行った。この時期は、リーチングにおけるさまざまな発達段階の対象児が混在する時期である。結果は、細かい動きをする手と、支え・保持をする手という、手指操作の基礎となる左右の手の機能的な差異が全員にみられた。このことは、リーチングが確立していない対象児が大部分であったにもかかわらず得られた結果であり、またリーチングの観察された対象児においても、リーチングに優位な手とは関係のないものであったことから、操作活動の方がより早期に一側化することが示された。また偏好性の優位側と操作活動における優位側の発達的変化は異なるものであることが示唆された。一側化が、どのような時期に、どのような手指活動において現れるのか、その際他の発達面との関係もあわせて検討するためには、子どもに常時接する養育者の自然観察による縦断的な研究が必要である。本章では、著者自身の子どもの日常生活の観察記録から、手指活動における左右非対称性の出現状況とその発達的な変化を分析する。

第1節　問題と目的

　技能を含む操作性の高さによって一側化を示す時期や一側化の過程に差異がみられるのか、偏好性の優位側と操作活動での優位側の発達的変化に差異がみられるのかについて検討するためには、出生直後からの日常の自然な状況での行動観察による方法は、第2章で示した実験法と合わせて検討することで有効な方法となると思われる。実験法では、乳児期には日常の生活の中で既に現れている発達的変化が、実験時の身体的、精神的状態により反映されないこともある。常時、子

どもに接している中での自然観察は、子どもの発達的変化、新しい行動の現れを速やかに発見することができ、変化の背景（その際の周囲の状況、子どもの内的状況、他の発達面との関係など）をとらえることが可能である。本研究は日誌研究となるが、やまだ（1987）は日誌研究の長所について、研究者の側からおこす行動ではなく、乳児の側から自発的に行う行動の記述ができること、いつ生起するかわからないが重要な、自発的行動を発見し、拾い上げることができることを挙げている。また日誌に記録された行動がビデオテープレコーダーを用いた場面に現れるには、行動の定着する少なくとも1～2週間を要するように思われると述べている。

　ゲゼル（Gesell, 1940　山下, 1966）は、操作活動での遂行能力（器用さ）の方が偏好性より早期に一側化がみられることを示唆したが、第2章で述べた4カ月児を対象とした横断的研究においても、それを支持する結果となった。縦断的研究においても同様の結果が得られるのであろうか。また、Wolff, Hurwitz, & Moss（1977）は幼児期以降の手指操作に関する諸研究の結果をまとめ、右利きの場合、右手優位は（タッピングや複雑な手の運動系列の模倣課題に代表される）反復自動化課題および系列性を要する課題にみられ、そして左手優位は（方向の触知覚や空間的配置が重要となる課題に代表される）形態再認および空間弁別課題でみられると述べているが、乳児期にも手指操作のこのような事柄の基礎的な側面が観察されるのであろうか。

　このようなことから、本研究では以下の点を検討することを主な目的とする。

　①　手指活動の左右非対称性が、どの時期より、どのような活動で現れるのか、特に、リーチングが観察される以前に左右非対称性のみられる活動の分析、及びリーチング観察以後の、リーチングの優位性と手指操作の優位性の関係について検討する。

　②　左右それぞれの手が優位する活動内容をまとめると、共通点や

一貫性があるのか、Wolffら（1977）の述べるような事柄が乳児期にも観察されるのかについて検討する。

③　活動の内容によっては同時期に優位な手が異なる場合があるのかを検討する。同時期に優位な手が異なる場合があれば、リーチングする際に使用する手の偏好性が、手指のすべての活動の優位側とはならないことを示すことになる。

第2節　（研究1）　左右非対称性を示した手指活動の内容とその出現時期

目的

手指活動の左右非対称性が、どの時期より、どのような活動で現れるのか、特に、リーチングが観察される以前に左右非対称性のみられる活動の分析、及びリーチング観察以後の、リーチングの優位性と手指操作の優位性の関係について検討する。

方法

対象児　1983年5月25日生。第1子長女。出生時体重 3400g。正期産、正常分娩であった。対象児の成人後、得られたデータを学術目的で公開することについて了承を得た。

観察期間　出生直後から1年間であるが、この期間の対象児の就寝時間以外の活動時間を観察した。

観察方法　対象児の通常の養育状況下での、左右非対称性のみられた手指活動を中心とする行動観察を日誌記録した。記録は観察時のメモと、その日の終わりに1日を通した記録をした。観察にあたって、モノを提示する際には、モノや提示者が可能なかぎり対象児から左右等距離になるように、あるいは左右等距離にすることが困難な場合には、提示頻度が左右のどちらか一方に偏ることのないよう、さらに左手を多く使用しても右利

きへの指導はしないよう考慮した。保持時間など時間の計測にはストップウォッチを用い、対象児に気づかれないよう配慮しできるだけ自然な状態で計測を行った。なお部分的にビデオテープレコーダーにより録画され、観察事項確認のために使用された。

結果と考察

　1年間にわたる観察記録の中で、手指活動の機能的左右非対称性に関連する運動発達や言語発達等の記録を整理し、発達的変化とその初発時期を示したのがTable　2である。

　またTable　2の観察事項を、右手優位と左手優位の事項に分けて示したのが　Figure　8　である。右手優位は、主として言語との関連を含む継時性（振る動作，パッティング，太鼓打ちのような継時的反復動作，言語に結びついた手や腕の動作など）、および対象物を扱う巧緻性（包み紙を剥ぐなど）に関する事項で観察され、左手優位は主として保持・支えのような空間性に関する事項で観察された。グラフは、ガラガラ振りの持続時間、おしゃぶりおよび（空の）哺乳ビンの保持時間、リーチング、パッティング、指さし、太鼓打ちの頻度について、左右差の割合を　Corbetta & Thelen　(1999)　の研究を参考に、（右手－左手）／（右手＋左手）で算出し、近似曲線を示したものである。期間は初発時期から自発的に各々の活動を行わなくなるまでであるが、研究2で示す毎日の調査を意図したパッティングと指さし以外の活動は、自発的な出現時に得られたデータであり、毎日得られたデータではないため近似曲線とした。右手優位はプラス方向、左手優位はマイナス方向、左右差なしはゼロとなる。リーチング、指さしといった操作性のみられない活動は側性化が不安定で変動があるが、ガラガラ振り、パッティング、太鼓打ちのような継時的反復動作は右手優位で一貫しており、おしゃぶりおよび哺乳ビンの保持は左手優位で一貫していた。1名の対象児での記録からは明確に結論づけることはできないが、優位性の一貫していた活動については、活動の出現当初は左右差が顕著で

Table 2

Table 2 手指活動の左右非対称性を中心とする発達的変化とその初発時期

[観察番号]	年：月：日齢	観察事項
[1]	出生直後	右手第1指への指吸い動作が観察される。
		頭部の向きは右側で一定（生後5日には頭部は左側にも回旋）。
[2]	0：0：08	おしゃぶりを左手で長く保持（右手20秒，左手2分40秒）。
[3]	0：0：09	母親が5本の指でさまざまな形を作り示すと，指を動かせ模倣しようとする。左手の方がモデルの形により近い。
[4]	0：1：03	語りかけに対しアーアーと発声し，その際右腕が大きな輪を描くように動く。左腕の動きは少ない。
[5]	0：1：10	左右の手に同型の粘土（50g）を握らせると，粘土の変形より明らかに右手で強く把握していることがわかる。
[6]	0：1：11	自分の右手指を凝視し，微笑する。
[7]	0：1：16	授乳中，右手第2指で母親の胸を2,3度つつく動作が観察される。この日は右手で3回，以後も明確な右手優位。
[8]	0：2：00	他の乳児（同じ月齢）と初めて接し，凝視し，身をのりだし，その乳児の方に右手を伸ばす。
[9]	0：2：16	手に持たせたガラガラ(60g)を初めて振り鳴らす(右手23秒，左手5秒持続)。以後一貫して右手の方が力強く長く振り鳴らす。玩具に右手を伸ばす。
[10]	0：2：17	首がすわる。
		左側への寝返りをする（右足が大きく動く）。
		これまで哺乳ビンは両手のこぶしで支え持っていたが，左手のみで手を開いて保持する。
[11]	0：2：19	仰臥位で，真上から提示した人形の足を右手でつつく。
[12]	0：3：06	自分の衣服の端を，目覚めている大半の時間，左手でつかむ。
[13]	0：3：25	手掌支臥位で，左手で上体を持ち上げ，右手でガラガラを振り鳴らしたり床をたたいたりの反復動作をする。
[14]	0：3：26	ガラガラを左手でも長く振り鳴らすようになり，この日の最高は，右手3分15秒，左手2分25秒持続。
[15]	0：3：28	玩具に対して，右手でリーチングを行う。
[16]	0：5：08	ひとりすわりをする。
[17]	0：5：10	ずりばいで這う。
[18]	0：6：11	初発単語「マンマ」。
		つかまりだちをする。
		玩具の電話機のダイヤルを，時計回りにまわす。
		左手で支えたモノを，右手でヒッティング（hitting）。
		左手でも玩具へのリーチングを行う。
		右手で取った玩具を左手に持ちかえ保持し，右手を自由にした後，別の玩具を右手で取るという動作が観察される。
[19]	0：6：13	右手の第1指と第2指で薄い紙をつまむ。
		両方の手にモノを持ち，モノをたたき合わせるが右手の方が動きが大きい。
[20]	0：7：05	第1指と第2指でページをめくる動作が，左右どちらの手でも観察される。

Table 2(つづき)

Table 2 手指活動の左右非対称性を中心とする発達的変化とその初発時期（つづき）

［観察番号］	年：月：日齢	観察事項
［21］	0：9：00	真正面から名前を呼ばれ，「はい」と発声しながら手を開いた形で右手を挙手。以後も挙手は明確な右手優位。
［22］	0：9：21	高ばいで這う。
［23］	0：10：02	手を離して3秒程立つ。つたい歩きをする。 左手で体を支え，右手掌で戸をパッティング（patting）。
［24］	0：10：05	「おめめ」等と発声しながら相手の目等を指さすような指さし行動の頻度は，左手優位であるのに対して，パッティングおよび名前の呼称に対する挙手は右手優位である。 （指さしとパッティングの頻度の調査を翌日より始める）
［25］	0：10：25	歩行開始。 ペンを持ち，初めてのなぐりがきをする（右手）。 自分でスプーンを持って食事をする（右手）。 これまで箱からモノを出すばかりであったのが，入れるようになる（右手）。 紙で個包装された菓子を左手で保持し，右手で紙の包みを剥いて菓子を取り出すという動作が観察される。 両手の第2指で，同時に指さしを始める。第1指と第3指が接している。 言語発達では，これまで獲得された10語の一語文発話であったのが，初めて「おかあちゃん，はいどうぞ」と単語が組み合わせて使用される。
［26］	0：10：29	太鼓をたたく動作が観察され，右手の方が技能は優れている。 左手では棒と手で同時に太鼓をたたいてしまう場合がある。 この日の連続打数は右手111回，左手23回。
［27］	0：11：10	前方にボールを投げる（10回中すべて右手）。
［28］	0：11：15	ボール投げを左手でも行う（左手は10回中2回）。
［29］	0：11：20	穴〔直径 1.2cm〕のあいた板を左手で支え，右手で棒〔直径1.0cm，長さ16cm〕を持ち，穴に棒を差し込む（直前に左右逆で行い失敗している）。繰り返し練習し，3時間後には左右の手を逆にしても成功する。 初めて積み木を重ねる(右手)。 「バイバイ」と発声しながら右手を振る。以後明確な右手優位。 30歩のひとり歩き。
［30］	1：0：03	ペンを左手で取った場合は右手に持ちかえなぐりがきをする。 ボール投げでは，左手でボールを拾った場合右手に持ちかえて投げるのが観察される（10回中，右手でボールを拾い右手で投げるのが6回，左手で拾い右手に持ちかえ投げるのが2回，左手で拾い左手で投げるのが2回。但し，左手で投げると正面にとばず，後方にとぶ場合もある。 積み木を重ねるのは，持ちかえを含め右手のみ使用する。塔が崩れそうになると，左手で支え調整する。

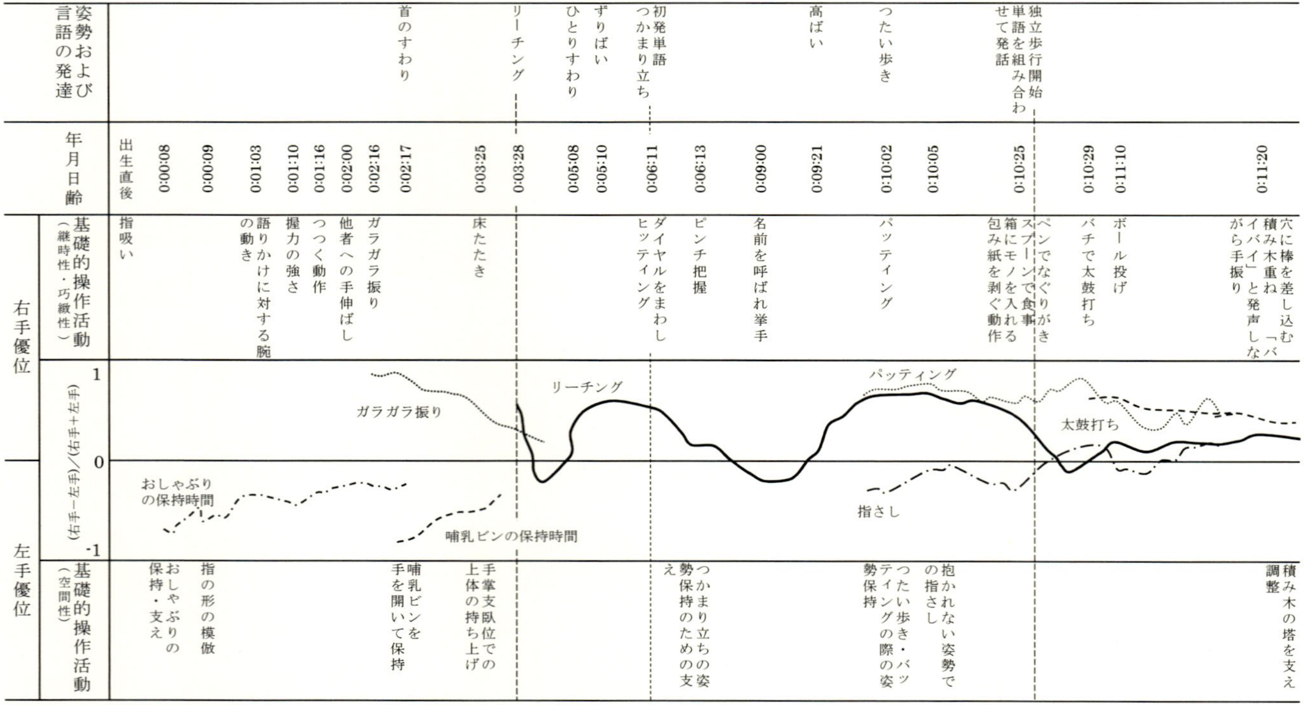

Figure 8. 手指活動の左右非対称性を中心とする発達的変化とその初発時期

注. グラフは、左右差の近似曲線を示す。

あったものが、しだいに（左右差が逆転するほどにはならないが）逆の手でも可能となり差が少なくなった頃に、新しい形での活動となって出現し、その際また左右差が大きくなるということが繰り返されている可能性が示唆される。例えば、継時的反復動作ではガラガラ振りから、床たたき、ヒッティング、パッティング、太鼓をバチでたたく動作へと移行する。また支え・保持では、おしゃぶりのような持ちやすい対象物の保持から、哺乳ビンのような持ちにくい対象物の保持、積み木重ねのような両手協調活動の中での調整しながらの支えというように発達していく。なお同時期にみられた活動で優位側の異なったパッティングと指さしの頻度を調査したものについては、研究２で詳しく検討する。

　観察事項について、まず初発時期より右手優位を示した活動に関して検討すると、観察番号［１］の指を吸う動作（サッキング）及び［６］の手の凝視が右手であるのは、［１］に示されたように頭部の向きが右側であることが影響していると思われる。つまり、頭部の向きが右側優位であることで、右手のサッキングや、右手の凝視につながるのではないかと考えられる。

　出生直後に観察された頭部の向きの偏好性とサッキングに用いられる手との関係は出生前からのものであることが、次に示すような危険因子の少ない未熟児の研究から示唆される。Konishi, Takaya, Kimura, Takeuchi, Saito, & Konishi（1997）は、危険因子の少ない未熟児の頭部の向き、自発的な手指の運動、手－口の接触の側性化等を検討して、手－口の接触は頭部の向きの側によく一致していること、右側で頻度が多いことを認めている。そして、出生前でさえ頭部の向きの自発的な偏好性があり、手指の動きの左右非対称性とすでに結びついていることを示唆するものとしている。また胎児期のサッキングを超音波診断により検討した Hepper, Shahidullah, & White（1991）によれば、検診時の15分間にサッキングをした胎児 274例を妊娠期間によりグループ分けして調べたところ、妊娠15週から顕著な右手優位がみられ（15〜21週のグループでは右指サッキ

ングは 87.7 ％、28〜34週 95.7 ％、36週〜出生 92.1%)、新生児期の仰臥位における頭部の向きと関係するものであった。しかし、胎児期における子宮内での子どもの姿勢ならびに左右の向きとの関係はみられなかったと報告されているが、胎児期の姿勢、左右の向きについては、右指サッキング45例、左指サッキング５例を対象とした統計的分析結果で、より多くの対象児で検討される必要があると思われる。また胎児期の姿勢や向きは、出生までの長期にわたる検討が必要で、それらの安定性や、どのからだの向きがどれくらいの期間とられていたのか、期間の長さによる影響などを検討すべきであり、この研究のみでは結論づけられないと思われる。

　［４］の、生後１カ月での、発声している際の右腕の大きな動きについては、次のような研究から、言語活動と手の活動の関係が示唆される。Kimura（1973）の研究では、成人を対象に発話中の手の活動を検討したところ、一般にジェスチャーといわれる自由な手の動きが右手に多く生じることが認められ、左半球における発話システム（speech system）の賦活によって、同側半球内にある他の運動システム（motor system）の賦活が付随したものと結論づけられている。またIngram（1975）は、発話中のジェスチャーのような手の活動が３〜５歳児においても観察されることを示し、さらに Trevarthen（1974）は、生後２カ月で、母親と接する中でジェスチャーに類似した手の自発的な活動があることを報告している。これらのことから、生後１カ月の話しかけに対する発声は、まだ言葉にはならないが発話の基礎となるもので、発声中右腕でより大きな動きが観察されたのは、左半球によって媒介される発話と関連した運動連鎖を示唆するものではないかと考えられる。

　［５］では、把握の強さについて生後１カ月で右手優位が観察されているが、Ingram（1975）の３〜５歳児を対象にした研究で同様の結果が３歳から認められている。

　［７］と［11］のつつく動作、［９］と［13］のガラガラを振り鳴らす動作や床をたたく動作でも右手優位であることが観察されているが、こ

れらは継時的な反復動作である。

　［8］と［9］の、視覚刺激への随意的な手伸ばし行動（右手）は、対象の凝視と、腕・肩を含む粗大運動が結びついたもので、リーチングの前段階と考えられる。

　これまでは、リーチングが観察される以前に、初発時期より左右非対称性のみられる活動の中で、右手優位を示した活動について検討してきたが、発話と関連した運動連鎖を示唆する発声中の腕の大きな動きや、継時的な反復動作に右手優位が観察された。言語性、継時性といった左半球の特徴的な機能が発達初期から分化されていること、またそれは偏好性とは区別されるべきものであることを示唆するものである。次に左手優位を示した活動について検討する。

　［2］、［10］、［12］、［13］に示された活動は、支え・保持に関するもので共通しており、右半球の特徴的な機能である空間性と関係するものと考えられる。

　［3］は、5本の指の空間的な構成を模倣するというもので、次のような研究から右半球が関係していることが考えられる。Ingram（1975）の研究では、3〜5歳の右利き84名を対象に、5本の指で形作られた手のモデルのポーズを模倣するという課題（Figure 9a）、さらに5本の指を特定の箇所で指分けした手のモデルを模倣するという課題（Figure 9 b）において、左手のパフォーマンスがよいという結果を得ている。これらの課題は、5本の指の相互の関連と空間的な構成を要求される課題で、右半球によって媒介されていたのであろうと解釈されている。また、成人を対象とした研究であるが Kimura & Vanderwolf（1970）は、片手の1本あるいは2本の指を第2関節で90°屈曲し、他の指は動かさないという指曲げ課題で、右利きで左手の方が成績がよいことを報告している。この課題は Kimura & Archibald（1974）の研究においても、右半球に病変のある患者ではパフォーマンスが特に低いことが認められている。

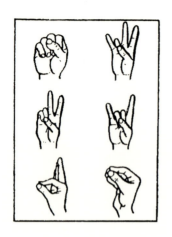
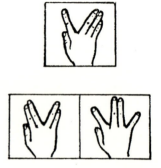

Figure 9a. 手のモデルの模倣課題
（Ingram, 1975より引用）

Figure 9b. 指分け課題
（Ingram, 1975より引用）

　このように、リーチングが観察される以前、生後まもない時期より、支えや保持、5本の指の空間的な構成を模倣するような手指の活動において、左手優位が観察された。このことは、空間性といった右半球の特徴的な機能が発達初期から分化されていること、またそれは偏好性とは区別されるべきであることを示唆するものである。
　［15］に示されたように、右手で初めてのリーチングが観察されたが、それ以後の手指活動の左右非対称性について検討する。
　初発時期より右手優位を示した活動を分析すると、［18］、［19］のヒッティングや、［23］のパッティング、［26］の太鼓の連打は、リーチングが観察される以前にもみられたような継時的な反復動作としてまとめられる。また［21］の名前を呼ばれ「はい」と挙手、［29］の「バイ

バイ」の手振りは、左半球によって媒介される言語と関連した運動連鎖を示唆するものと考えられる。［18］のダイヤルまわしや、［19］の第1指と第2指を対向させて薄い紙をつまむ動作、［25］のペンを用いたなぐりがき、スプーン使用、モノを入れる動作、包みを剥いて中身を取り出す動作、［27］のボール投げ、［29］の穴の中への棒の差し込み、積み木重ねは、細かい動きが要求されるものである。

　なお、［18］の初めてのダイヤルまわしが、右手で時計回りの方向であったことは、Gesell（1940）が、4歳、5歳児に行った形の模写課題から、連続的な円形の線を描く際、描画の経験が全くないか少ない子どもは、時計の針の方向に描いていくのが典型的な方向で、慣れるにつれ腕の運動がどちらにも向くようになるであろうと述べていることからも示唆される結果である。

　また、［19］の第1指と第2指を対向させて薄い紙をつまむ動作が、［18］の初発単語の出現とほぼ同時期に観察されたことは、河添（1978）の障害児教育の豊富な臨床経験からの、手指の操作活動と言語機能の関係に関する次のような指摘と一致している。即ち、棒を握らせると、5本の指を同じ側にして握り、第1指と第2指にほとんど力が入っていない段階から、第2指に握りの力が徐々に加わってくると、第1指と第2指の間隔が広がり、第1指は並びを離れ、次第に対向する側へ移ってくる。そして、第1指が第2指と第3指の間へ対向位置を移してきた時期に初発単語が出現する（河添は、同時期に歩行開始があると述べているが、本児の場合はつかまりだちが同時期にあり、運動発達に大きな変化があるという点では一致している）など、第1指と第2指の対向の仕方及び操作性の高次化と、話しことばから対話への獲得との相関関係の高さが指摘されている。河添は、第1指と第2指の指尖の対向について、この対向する2本の指で微細な操作活動が可能なのは人間だけで、随意運動の働きからも非常に重要であり、第1指と第2指を正しく訓練することで、実際に言語発達に効果を上げていると述べている。

さらに、［25］のモノの出し入れが、発達的に"出す"方が早く出現し、"入れる"のが後になることについては、Bryden（2000）の述べている課題の目的の複雑さに関係があるのではないかと思われる。"出す"よりも"入れる"方が目的は複雑となると考えられ、目的が複雑である方が発達的にも後に出現するのであろう。Bryden（2000）は、単純な目的をもつ課題では左右差は小さく、どちらの手でも大きな差はないが、複雑な目的をもつ課題では、使用頻度の左右差、動作遂行能力（器用さ）の左右差は大きくなると述べている。［29］の穴の中に棒を差し込むという動作は、操作性が高く複雑な目的を持つ課題と考えられ、左右の手の機能的な差も顕著にみられる。

　リーチング観察以後の左手優位を示した活動については、［18］、［23］、［25］、［29］に示されたように、左手はモノや体を支える役割をしている。［18］の玩具の持ちかえに関しては、玩具を左手で保持し、自由な右手でリーチングやヒッティングなどの種々の動きが観察された。

　左手優位で注目されるのは、［24］の指さし行動の頻度である。特に歩行開始で大きな変化がみられ、歩行開始前は左手の頻度が有意に多かったが、歩行開始後には有意な差はみられず、むしろ右手の頻度が少し多くなっている。［25］に示されているように、歩行開始という大きな運動発達の変化がみられたのと同時期に、指さし行動における変化だけでなく、言語発達や手指操作でも大きな発達的変化が観察されている。直立2足歩行が大脳半球機能の発達上大きな意味を持つことを示唆するものであると考えられる。このような言語発達などの変化を考えあわせると、指さし行動において、歩行開始後右手の頻度が増加したのには、言語と関連する左半球の機能的な変化が指さしに影響した可能性も考えられる。

　指さしの発達に関する従来の研究は、指さしをその機能面から2つのタイプに分類しており、1つは"宣言的指さし"で、人の注意をある物に引きつけることを目的としており、もう1つは"命令的指さし"で、何かを

得るために他者を利用することを目的とするものである（子安, 2000）。前者は交流機能が中心で、後者は要求機能が中心となる。山田・中西（1983）は、0 歳〜2歳半の日常生活の日誌観察記録から、初期の自発的指さしの出現状況と指さしの機能の発達的変化について分析し、5段階に分けて考察している。本研究の対象となった1歳までは、山田・中西(1983) の研究報告の第3段階までと考えられるが、それによると、第1段階は外界の事物に対する驚きや感嘆から開始し、新奇物を凝視する行動と近縁関係にあるもので、抱かれた状態のときに出現している。この段階では、抱かれているときの姿勢により、自由に動く方の手で指さしをしやすくなるため、本研究では指さしに用いられる手の優位性の分析の対象外となった。第2段階は交流機能が圧倒的に優勢となることが最も顕著な特徴で、第3段階は交流の指さしは極端に減少し、誰かに何かを請求、命令、依頼するという形式が明らかになり、要求の指さしが、意図的、道具的に用いられるようになる特徴がある。本研究の日誌記録を分析すると、歩行開始前には、母親の眼を指さし「おめめ」というような交流の指さしが多く、歩行開始後は、玄関のドアを指さし「おんも」といい外へ遊びに行こうというような要求の指さしが多くなっている。山田らの日誌記録を分析しても、第2段階と第3段階の間の時期に始歩と始語が観察されている。歩行開始、指さしの機能の変化、言語発達の変化の関連が示唆されるものである。

　［30］では右手への持ちかえが観察され、ボール投げやなぐり書き、積み木重ねに、より器用に動作遂行がなされる手を使用している。ボール投げには左手を使用する場合があるが、積み木重ねは、自分の身長より高く、手を伸ばせる限度まで重ね、高度な技能を要するもので右手しか使用しない。複雑なあるいは困難な目的をもつ高度な技能を要する操作活動では、使用される手が明確になるものと思われる。

第3節　（研究2）指さし行動とパッティングの頻度調査

目的

　観察番号［24］で述べたように、同日でありながら、指さし行動の頻度は左手優位あるいは左右同程度であるのに対し、パッティングは右手優位であることに注目し、活動の内容によっては同時期に優位する手が異なる場合があるのか、約1カ月間の指さしとパッティングの頻度を調査し検討することを目的とする。

方法

　対象児　研究1と同じである。

　調査期間　指さしは、以下の条件を満たすような指さしの開始日より頻度が少なくなるまでの期間。またパッティングは、指さしと同日より調査を開始し、モノを保持しながらパッティングをするようになり調査の条件を満たせなくなるまでの期間で、日齢 310日から 346日(0:10:06 ～ 0:11:12)の期間である。

　調査方法　指さしおよびパッティングは次の条件を満たす1日の頻度を調査した。指さしの条件は、（1）手指の動きを制限していないこと（モノを保持したり抱かれた姿勢でないこと）、（2）目標物が左右等距離の位置にあること、（3）発声しながらの指さしであること（不明確な指さしを含まないため）。パッティングの条件は（1）モノをどちらの手にも保持していないこと（モノを保持した場合、保持する手でモノをうちつけ音を鳴らす目的で継時的反復的動作をするため）、（2）パッティングの場所が左右等距離の位置にあること、である。

結果と考察

　日齢 310日から 346日までの期間の指さしの頻度の変化を Figure 10 に示した。指さしの頻度は、運動発達や体調により影響を受けているが、

特に歩行開始となった日齢 329日（ 0:10:25 ）で大きな変化がみられる。歩行開始前は左手の頻度が有意に多かった（ $t(19)=5.21, p<.001$ ）のに対し、歩行開始後には有意差はみられなかった。パッティングの頻度の左右差は Figure 11 に示された。日齢 335日に歩行中転倒し頭部を強打し、その影響の考えられる日以外は右手優位で一貫しており、歩行開始に関係なく左右の手に有意差が認められた（歩行開始前： $t(19)=5.14, p<.001$ ；歩行開始後： $t(16)=4.07, p<.001$ ）。

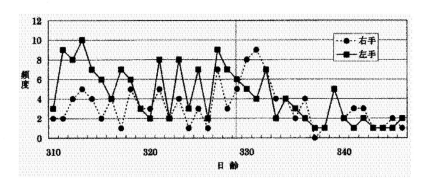

Figure 10　指さしの頻度の変化（日齢329日　歩行開始）

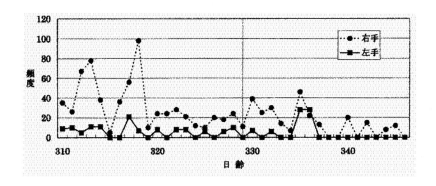

Figure 11　パッティングの頻度の変化（日齢329日　歩行開始）

第4節　総合的考察

　本研究では、手指活動の左右非対称性が、どの時期に、どのような活動で現れるのか、自然観察による縦断的研究を行ったが、リーチングの観察される以前に、すでに手指操作の基礎となるような左右の手の機能的な差異が観察された。その機能的な差異は、リーチングの出現とは関係なく、観察期間を通じて一貫しており、左右それぞれの手が優位する活動内容をまとめると、次のような共通点がある。即ち右手優位は、継時的な反復動作、言語と関連した運動連鎖が示唆される動作（例えば発話中の腕の動き）、細かさや精密さが必要となるような動作でみられ、一方左手優位は、支え、保持、空間的な構成が必要となるような動作でみられた。このことは、言語性、継時性といった左半球の特徴的な機能、また空間性といった右半球の特徴的な機能が、発達初期から分化され動作に現れている可能性が考えられ、操作活動での優位側と偏好性の優位側は発達的変化が異なり、操作活動がより早期に一側化することを示すものである。Wolff, Hurwitz, & Moss（1977）は幼児期以降の手指操作に関する研究をまとめ、右利きの場合、右手優位は反復自動化課題および系列性を要する課題、左手優位は形態再認および空間弁別課題でみられると述べているが、本研究での結果は、乳児期にも手指操作のこのような事柄の基礎的な側面がみられることを示すものである。

　また、歩行開始前に、同日でありながら、指さし行動の頻度は左手優位、パッティングの頻度は右手優位というように、活動の内容によって同時期に優位する手が異なることが観察されたが、このことは、リーチングの際に使用される手の偏好性が、手指のすべての活動の優位側とはならないことを示している。そして、約1カ月間の指さしとパッティングの頻度の変化を検討すると（Figure 10およびFigure 11）、指さしの頻度は歩行開始や言語発達で大きな変化がみられるのに対し、パッティングの頻度は（頭部を強打した影響の考えられる1日を除き）右手優位で一貫していた。こ

のことは、操作活動の基礎となる継時的な反復動作のように優位する側が一貫している活動、即ち左右の手の機能的な差異が明確な活動と、他方、機能分化が明確でなく、優位性が歩行開始や言語発達などに影響される活動があることを示していると思われる。

　さらに、日齢329日の同日の手の活動を分析したところ、ボールに手を伸ばし把握するには器用さと使用頻度において左右の大差はみられないが（左手使用4割、右手使用6割）、ボールを投げるには、右手がより器用で使用頻度も右手が優位（左手2割、右手8割）であり、左手で拾ったボールを右手に持ちかえ投げるということも観察された。そしてより高度な技能を要し操作性が高いと考えられる身長以上の高さの積み木重ねに関しては、右手では器用に課題を達成できるが左手では困難で、右手のみを使用して積み木を重ねていくという観察結果が得られた。高度な技能を要し操作性の高い活動であるほど、左右の手の使用頻度や動作遂行能力（器用さ）における差異は大きくなるということが観察された。操作性の高い活動には、半球に特徴的な機能を十分生かしたかたちで対応することで困難な高度な課題も達成しやすいであろう。これらのことより、操作活動の基礎となるような、半球に特徴的な機能が発達初期より分化され、技能を含む操作性の高さが一側化に重要な要因となることが示唆された。そして、歩行開始と同時期に、言語発達や手指操作の発達に変化がみられただけでなく、指さしの機能的な変化がみられたことについては、直立2足歩行が大脳半球の発達上重要な意味をもつことを示唆するものと思われる。本研究において要点となったことがらは、多くの対象児で検討されなければならないが、そのための基礎的資料を提供するものになり得ると思われる。

第5節　第3章の研究の要約

1. 前章（第2章）の生後4カ月児の横断的研究において、操作活動とリーチングのような操作性の低い活動では、一側化を示す時期や一

側化の過程に差異がみられること、また偏好性の優位側と操作活動の優位側は発達的変化が異なり、操作活動がより早期に一側化することが示唆されたことを基に、本章では縦断的研究において、操作活動の遂行と偏好性について、以下の点を検討することを主な目的とした。

（1）　手指活動の左右非対称性が、どの時期に、どのような活動で現れるのか、特に、リーチングが観察される以前に左右非対称性のみられる手指活動の分析、及びリーチング観察以後の、偏好性の優位性と操作活動での優位性の関係について検討する。

（2）　左右それぞれの手が優位する活動内容をまとめると、共通点や一貫性があるのかを検討する。

（3）　活動の内容によっては、同時期に優位な手が異なる場合があるのかを検討する。

　2．子どもの発達的変化を速やかに発見し、変化の背景をも捉えるには、常時子どもに接している中での自然観察による縦断的研究が必要である。そのために、筆者自身の子どもの日常生活の観察記録から、手指活動における左右非対称性の出現状況とその発達的な変化を分析した。

　3．主な結果は次のとおりである。

（1）　リーチングの観察される以前、生後まもない時期より左右非対称性のみられる活動がある。右手優位は、継時的な反復動作や、発話と関連した運動連鎖を示唆する発生中の腕の大きな動きで観察された。一方、左手優位は、支えや保持、5本の指の空間的な構成を模倣するような手指の活動において観察された。

　言語性、継時性といった左半球の特徴的な機能、空間性といった右半球の特徴的な機能が発達初期から分化され動作遂行に現れている可能性が考えられる。

（2）　リーチングの観察以後も、右手優位は、継時的な反復動作や、言語と関連した運動連鎖が考えられる動作、細かい動きが要求される

動作で観察され、一方、左手優位は、支えや保持の役割をする活動で観察された。

（3）　（1）、（2）のように、手指操作の基礎となるような左右の手の機能的な差異は、リーチングの出現とは関係なく、観察期間を通じて一貫しており、左右それぞれの手が優位する活動内容には共通点があった。Wolff, Hurwitz, & Moss（1977）が幼児期以降の手指操作に関する研究をまとめた事柄の基礎的な側面が乳児期にも観察されることを示すものである。

（4）　歩行開始前に、同日でありながら、指さし行動の頻度は左手優位、パッティングの頻度は右手優位が観察されたように、活動の内容によって同時期に優位な手が異なる場合があることが示された。リーチングする際に使用される手の偏好性が手指のすべての活動の優位側とはならないことを示している。

（5）　指さし行動とパッティングの約1カ月間の頻度の変化を検討した結果、パッティング（継時的な反復動作）のように左右の手の機能的な差異が明確な活動と、指さしのように機能分化が明確でなく優位性が歩行開始や言語発達などに影響される活動があることが示された。手指活動の内容によって、機能分化の程度が異なることが示唆される。

（6）　歩行開始と同時期に、指さし行動における変化や、言語発達および手指操作でも大きな変化が観察された。直立2足歩行が大脳半球機能の発達上、重要な意味を持つことが推測される。また、つかまりだちと、初発単語、第1指と第2指の指尖対向においても同時期であったように、運動発達と言語発達と手指操作の発達の関連が示唆される。

（7）　モノへの到達・把握運動など操作性の低い活動では、使用頻度や動作遂行能力（器用さ）における左右差に大差は認められないが、積み木重ねや、穴の中に棒を差し込む動作のような、複雑なあるいは

65

困難な目的をもつ高度な技能を要する操作活動では、使用頻度や遂行能力における左右差は大きくなり使用される手が明確になるということが観察された。操作活動の中でも、子どもにとって技能を含む操作性の高い活動であるほど一側化が顕著で左右差は大きくなり、操作性の低い活動では一側化の程度は低くほとんど左右差はみられなかった。

（8）　以上のようなことから、操作活動の遂行優位側と偏好性の優位側は発達的変化に差異があり、技能を要する操作活動での遂行がより早期に一側化がみられること、各半球機能に特徴的な動作での器用さで発達初期より一側化がみられることが示唆され、前章（第2章）の横断的研究と同様の結果が得られた。

第4章 幼児の手指操作における機能的左右非対称性：

系列的要因と空間的要因を含む操作課題より

第１節　問題と目的

第２節　方法：系列性と空間性を含む課題

第３節　結果：系列的分析と空間的分析

第４節　考察

第５節　第４章の研究の要約

第3章までは、胎児期から乳児期を中心とした研究であったが、利き手がより明確になり、より高度な操作活動が可能となる幼児期には、偏好性が問題となる利き手と操作活動の遂行に優位な手の関係はどのようになるのであろうか。この点に関して本章で実験的に検討した。

第1節　問題と目的

　従来、利き手は技能的操作的活動においても優位な手となると考えられており、Liepmann（1900）の、右利きの場合には左右の手で遂行されるすべての運動学習課題において左半球優位であるという見解が、その代表的なものである。しかし、Provins & Glencross（1968）は、熟練したタイピストでは右利きでも左手優位となることを示し、必ずしも利き手が操作活動の遂行にまで優位となるものではないことを指摘した。この結果について彼らは、タイプライターは左手の使用頻度が高いためという練習量に起因するものと解釈しているが、タイプライティングは熟練すると空間的配置が重要な要因となるためではないかと考えられる。さらに、5本の指の相互の関連あるいは空間的な構成を要求される課題においても、右利きでの左手優位という結果が得られている。　Kimura & Vanderwolf（1970）の　指曲げ課題、Ingram（1975）の手指の形の模倣課題および指分け課題がそれである。同様の結果がブライユ式点字の読みにもみられ、点は文字を表しているにもかかわらず、空間的なものとして触感覚にインプットしている可能性が考えられる（Hermelin & O'Connor, 1971；Rudel, Denckla, & Spalten, 1974）。また、言語および非言語刺激による触感覚に関する研究でも右半球の重要性が知られている（Carmon & Benton,1969；Fontenot & Benton, 1971；Milner & Taylor, 1972；Wietelson, 1974）。一方右利きでの右手優位を示す手指操作に関する研究はタッピング課題が非常に多い（例えば、Denckla, 1974；Wolff & Hurwitz, 1976）。

加えて、 複雑な手の運動系列の模倣においても左半球優位の研究報告
がある（Kimura & Archibald, 1974）。

　これらの研究をまとめて、Wolff, Hurwitz, & Moss（1977）は、右利
きの場合、右手優位は反復自動化課題および系列性を要求する課題に、
左手優位は形態再認および空間弁別課題にみられるであろうと述べて
いるが、この観点からすれば、次に示す Nachshon & Carmon（1975）
の研究が注目される。彼らは成人を対象とした実験で、系列的課題の
場合には右手優位、空間的課題の場合には左手優位という結果を同じ
装置を用いて課題要求を変化させるだけで得ている。この実験は、視
覚的に遮断され、刺激された指のマイクロスイッチを押すという状況
で行われ、系列的課題の場合、あらかじめ指定された指が順序を変え、
１本ずつ継時的に刺激される。また、空間的課題の場合、あらかじめ
指定された指のうち、２回の反復刺激を受ける指、１回刺激される指、
全く刺激を受けない指があり、空間的パターンを要求されるというも
のである。但し、同時に両手を操作する条件では手の非対称性がみら
れたが、片手操作条件では有意差がなかったことから、彼らは両手操
作条件でのみ生じる結果であるとしている。しかし、 Bakker & van
der Kleij（1978）は、Nachshon & Carmon（1975）の片手操作条件で
の結果は天井効果によって差異がみられなくなったのではないかと疑
問視している。確かに正答率が95％であり、触知覚であっても成人の
対象者にとって３個の刺激の再生は課題が容易すぎたのではないかと
思われる。

　Nachshon & Carmon（1975）は系列的課題と空間的課題という課題
要求の差異により手の非対称性を示したが、大脳両半球の機能的非対
称性を述べる場合、このような異なる課題では両課題で同じ負荷を与
えていることにならないし、課題の順序効果、練習量の差異等の問題
が付随してくる。しかし手は主に反対側の半球によってコントロール
されていることが知られているので（例えば、Brinkman & Kuypers,

69

1972)、系列的な要因と空間的な要因の両者を含むと思われる課題で、両者を区別する分析方法をとることによって手の左右非対称性がみられるなら、左半球で継時的な情報処理、右半球で空間的な情報処理がなされるという大脳の機能的左右非対称性を反映するものとなるであろうと思われる。また、このことは、練習量により左右の手の遂行に差異が生じるといった見解を否定するものとなると考えられる。

　本研究ではこのような課題として、"手のモデルの指先にあるランプが、継時的に種々の空間的配列で呈示され、その方向（順序）と位置を正確にモニターして、モデルに示されたランプと同じ指のスイッチを押す" という片手操作課題を設定し、系列的関係（方向・順序の正反応）と空間的関係(指位置の正反応)の２つの分析方法により、手の左右非対称性がみられるか否かを検討する。対象者に関しては、手指操作の左右非対称性に関する発達研究では、その課題の性質上３歳以前の研究がほとんどなされていないこともあり、本研究では４－６歳の幼児を対象に、手指操作の発達過程およびその中で系列的な関係と空間的な関係がどのように把握されていくのかを検討する。また半球優位性の指標として Luria (1966) の潜在的利き手検査の中の腕組み検査が効果的であることが報告されているが（坂野, 1975）、同じ右利きでも腕組みの違いにより手指操作にどのような差異が生じるのかについてもあわせて検討したい。

第２節　方法：系列性と空間性を含む課題

　参加者　京都市内の私立幼稚園の幼児、４歳児23名、５歳児40名、６歳児40名の計 103名（男女ほぼ同数）。　平均年齢はそれぞれ４歳６カ月、５歳５カ月、６歳６カ月であり、いずれの参加者も右利きである。なお、利き手については、Oldfield (1971) の作成したエディンバラ利き手テスト（Edinburgh Handedness Inventory）に基づき、鉛

筆・箸・ハブラシ・ハサミ・絵筆の使用およびボール投げに用いられた手を観察し、これら6検査すべてに右手を用いた者を右利きとした。また腕組み検査では、腕組みをした際、上にきた腕が潜在的利き手であるとされていることにより、右腕上の参加者と左腕上の参加者が同数となるよう各年齢とも配慮された。

実験装置および刺激　Figure 12 に示すような、両手のモデルが描かれた木製パネル（白色 25 cm× 45 cm）が参加者の眼前約 40 cmに呈示される。そのモデルの各指先に赤色発光ダイオード（直径 9 mm）がとりつけられており、各試行とも、モデルの片手にある発光ダイオード5個のうち3個が継時的に1個ずつ1回点灯される。参加者の反応は押しボタンスイッチによってなされ、これが実験者側にある発光ダイオードを点滅させ反応した指位置を示す。また、デジタルカウンター（日本光電製）と デジタルレコーダー（タケダ理研製）を介し、反応時間が測定された。

手続き　個別実験で、所要時間は30－40分。参加者は、左手（または右手）の指先を5個のスイッチの上に置き、モデルの左手（または右手）を見るよう要請され、次のように教示された。"これから、こちら側の手に3つ赤い光がつきます。よく見ていて、3つの光が消えるとすぐに、光のついたとおりに同じ指のボタンを押してください。できるだけ速くまちがえないように押してください"。すなわち、参加者は5個の光源のうち3個を選択反応することになり、Figure 13 のように第3番目の刺激が消滅した直後に片手で反応することになる。刺激呈示時間は1秒、刺激間間隔は 0.5秒である。第1、第2、第3反応の各々の潜時が測定されている。練習試行を行い、正確な順序でしかも指位置も正しく反応できることを確かめた後、本実験に移った。

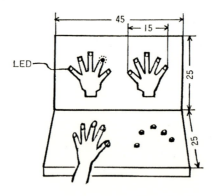

Figure 12. 実験装置（単位：cm）.

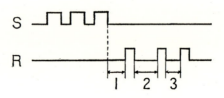

Figure 13. 1試行における刺激呈示と反応測定.
第1-第3反応の各々の反応潜時（1－3）が測定される.
S：刺激, R：反応.

本実験は、 Figure 14 に示す6種の刺激パターン各5試行から成る左右各々30 試行、計60 試行である。例えば、刺激パターンⅠの場合、第4指・第2指・第1指の順、あるいは第5指・第3指・第1指の順のように、左手、右手ともに内側方向（ Figure 14 の矢印の方向）に刺激が呈示されることになる。但し、隣り合う3本の指が連続する場合は含まれない。左右の手および刺激呈示の順は、参加者間でカウンターバランスされた。

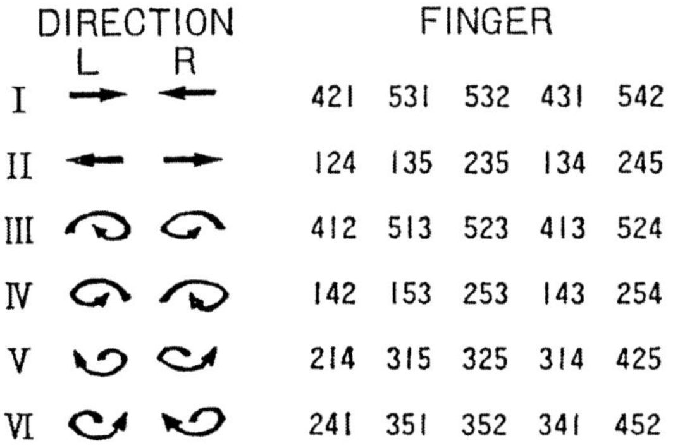

```
      DIRECTION              FINGER
         L   R
  Ⅰ    →   ←       421  531  532  431  542
  Ⅱ    ←   →       124  135  235  134  245
  Ⅲ    ↶   ↷       412  513  523  413  524
  Ⅳ    ↶   ↷       142  153  253  143  254
  Ⅴ    ↺   ↻       214  315  325  314  425
  Ⅵ    ↺   ↻       241  351  352  341  452
```

Figure 14.　刺激パターン．　L：左手，R：右手，
1－5：第1－第5指

第3節　結果：系列的分析と空間的分析

　正答率の分析　6種の刺激パターンについて、左右の手の平均正答率を年齢別に示すと Figure 15 のようになる。年齢(3) × 手の左右差

73

(2) × 刺激パターン(6) の 3 元配置による分散分析が行われた。その結果、年齢($F(2,100)=58.01$, $p<.01$)、左右差($F(1,100)=20.24$, $p<.01$)、刺激パターン($F(5,500)=12.81$, $p<.01$)の主効果が有意であり、交互作用はすべて有意でなかった。まず年齢の主効果についてみると、正答率の高いものから6歳、5歳、4歳の順で、すべての年齢群間に有意差がみられた（$p<.01$）。手の左右差については、左手が右手より正答率が高い。刺激パターンの主効果に関しては、多重比較の結果、［Ⅰ，Ⅱ］、［Ⅲ，Ⅳ，Ⅴ，Ⅵ］の群間に差異があった（$p<.01$）。この結果は、ⅠとⅡの刺激パターンが他のパターンよりも正答率が高いことを示している。

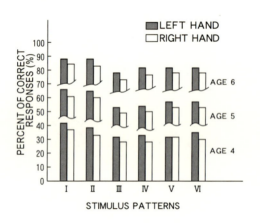

Figure 15. 刺激パターンにおける左右の手の平均正答率（方向，指位置ともに正答）.

次に、指位置の正誤にかかわらず方向（順序）の正しいものを系列的要因の正答、方向（順序）の正誤にかかわらず指位置の正しいものを空間的要因の正答とし、系列的要因の正答率は Figure 16-(a) に、空間的要因の正答率は Figure 16-(b) に示した。

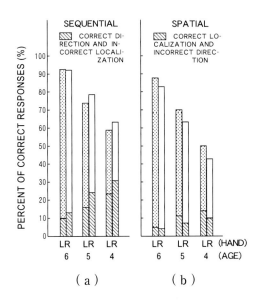

Figure 16. （ a ） 系列的要因の左右の手の平均正答率（方向の正答）．斜線部分は，方向正答，指位置誤答を示す． （ b ） 空間的要因の左右の手の平均正答率（指位置の正答）． 斜線部分は，指位置正答，方向誤答を示す．

Figure 16-(a) についてみると、6歳では左右差がみられないが5歳、4歳で右手優位となっているのがわかる。年齢(3)×手の左右差(2) の分散分析を行ったところ、年齢（$F(2,100)=35.53, p<.01$）と、左右差（$F(1,100)=10.21, p<.01$）の主効果、および両者の交互作用（$F(2,100)=4.34, p<.05$）が有意であった。多重比較の結果、年齢要因はすべての年齢群間に差異があり（$p<.01$）、年齢が高くなるにつれて正答率が高くなっている。交互作用は6歳児では左右差は有意でないが、5歳および4歳児で右手が有意に正答率が高い（5歳児：$F(1, 100)=$

75

38.54, $p<.01$； 4歳児： $F(1,100)=17.60$, $p<.01$）という、年齢間での遂行の差異によるものである。しかしこの6歳児の結果は天井効果の可能性も考えられる。また Figure 16-(a) の斜線部分は、方向は正答であるが指位置が誤答とされる反応（例えば、刺激がモデルの手の第4指・第2指・第1指の順で呈示され、参加者が第3指・第2指・第1指の順に反応したような場合）を示しているが、これは右手が顕著に優位である。年齢(3) ×手の左右差(2) の分散分析を行ったところ、年齢（$F(2,100)=25.58$, $p<.01$）と、左右差（$F(1,100)=57.86$, p<.01）の主効果が有意であり、交互作用は有意ではなかった。年齢の主効果についてはすべての年齢群間で有意であった（$p<.01$）。この結果は、方向のみが正答とされる反応率が4歳児で最も高く、次いで5歳、6歳の順であることを示している。

　Figure 16-(b) に関しては、顕著な左手優位がみられる。年齢(3) ×手の左右差(2) の分散分析を行った結果、年齢（$F(2,100)=51.77$, $p<.01$）と、左右差（$F(1,100)=40.47$, $p<.01$）の主効果が有意であり、交互作用は有意でなかった。年齢の主効果についてはすべての年齢群間に有意差がみられ（$p<.01$）、年齢が高くなるにつれて正答率が高くなり、左右差では左手が正答率の高いことが示された。また Figure 16-(b) の斜線部分は、指位置は正答であるが方向が誤答とされる反応（例えば、刺激がモデルの手の第4指・第2指・第1指の順で呈示され、参加者が第2指・第4指・第1指の順に反応したような場合）を示しており、左手優位がみられる。年齢(3) ×手の左右差(2) の分散分析の結果は、年齢（$F(2,100)=11.66$, $p<.01$）と、左右差（$F(1,100)=21.02$, $p<.01$）の主効果と、交互作用（$F(2,100)=3.17$, $p<.05$）が有意であった。年齢の主効果については多重比較の結果、［6歳］、［5歳，4歳］の群間に差異があった（$p<.01$）。この結果は、指位置のみ正答とされる反応率は、4歳および5歳児が6歳児より高いことを示している。交互作用は、6歳児で左右差が有意でなく、5歳、4歳児で左手

が有意に正答率が高いことによる（5歳児：$F(1,100)=43.85$, $p<.01$；4歳児：$F(1,100)=37.22$, $p<.01$）。

以上の結果より、系列的要因では右手が、空間的要因では左手が優位となることが示された。また Figure 16-(a) と同図-(b) の斜線部分を比較すると、方向のみ正答とされる反応率が、指位置のみ正答とされる反応率より高く、年齢が低くなるにつれて前者の反応率がより高いことが認められる。

潜在的利き手検査の腕組み群別に、左右の手の平均正答率を示したものが、 Figure 17 である。但し、4歳児については参加者数が少ないため、ここでは除外し、5歳、6歳児についてのみ分析した。年齢(2)×腕組(2)×手の左右差(2)の分散分析を行ったところ、年齢（$F(1,76)=42.23$, $p<.01$）と、手の左右差（$F(1,76)=16.35$, $p<.01$）の主効果と、腕組×手の左右差の交互作用（$F(1,76)=6.62$, $p<.05$)で有意であった。このことは、6歳児が5歳児に比べ正答率が高く、また左手の方が遂行がよいことを示している。交互作用は、腕組み群間で左右の手による遂行が異なることを示している。すなわち、右腕上の群は手の左右差がなく、左腕上の群は有意に左手の正答率が高い（$F(1,76)=21.89$, $p<.01$）。

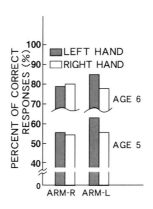

Figure 17. 腕組み群別における左右の手の平均正答率.

反応時間の分析 反応時間は正答率の高い6歳児のみの結果を分析した。6種の刺激パターンについて両手の反応時間を、腕組み群別に示したのが Figure 18 である。腕組(2)×手の左右差(2)×刺激パターン(6) の分散分析を行った。その結果、腕組×手の左右差の交互作用 ($F(1,38)=4.72, p<.05$) のみが有意であった。この結果は、左腕上の群は左手が有意に反応時間が速いが、右腕上の群は左右差が有意でないことによる。これは、正答率での結果（Figure 17）と一致するものである。

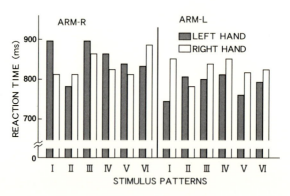

Figure 18. 腕組み群別における各刺激パターンの反応時間.

次に、第1-第3反応の反応時間について左右の手で差異がみられるか否か、腕組み群別に分析した。その結果が Figure 19 に示されている。腕組(2)×手の左右差(2)×反応(3) の分散分析を行うと、反応（$F(2,76)=25.75, p<.01$）の主効果と、腕組×手の左右差の交互作用（$F(1,38)=4.76, p<.05$）と、手の左右差×反応の交互作用（$F(2,76)=5.62, p<.01$）で有意であった。まず、反応の主効果では、多重比較の結果、反応時間の速い順に［第1反応］、［第3反応］、［第2反応］で、すべての反応間に差異があった（$p<.01$）。腕組×手の左右差の

交互作用については Figure 18 において述べたとおりであるが、手の左右差×反応の交互作用については、第1反応および第2反応では手の左右差が有意でないが、第3反応では左手が有意に反応時間が速いことを示している（第3反応：$F(1,38)=7.02, p<.05$）。

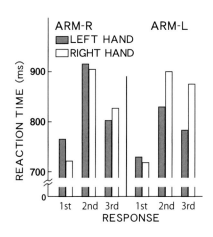

Figure 19. 腕組み群別における第1－第3反応の反応時間.

第4節　考察

本研究では、系列的要因と空間的要因の両者を含むと思われる課題における手の機能的左右非対称性が検討された。そして系列的関係（方向・順序の正反応）では右手が、空間的関係（指位置の正反応）では左手が優位であるという結果が示された。同一課題内においてこのように手の左右非対称性がみられることは、すべての運動学習課題

において左半球が優位であるとする説や、練習量によるとする説を否定するものである。また、系列的課題では右手、空間的課題では左手が優位であるというような手の左右非対称性は、両手操作条件でのみ生じる結果であるとする Nachshon & Carmon (1975) の見解は、本研究では片手操作条件でも非対称性がみられたことにより支持されなかった。ともかく、このような「系列性では右手が、空間性では左手がより正確である」という結果は、ピアノ演奏をする場合、右手で系列性が重要となるメロディーを、左手で空間性が重要となる伴奏をすることとつながるものがある。本研究ではピアノの訓練を受けた参加者は含まれていないが、ピアノの訓練を受けた経験の有無による検討は今後の課題である。

　すべての年齢群で、方向のみが正答で完全な正答につながらない反応率が、指位置のみ正答で完全な正答につながらない反応率より高いこと、年齢が低くなるにつれて前者の反応率がより高くなることより、方向性をまずコード化した後で指位置をコード化するということが、より低い年齢で多くみられ、これが完全な正答に結びつきにくいことが示唆される。つまり、方向性の後に指位置をコード化するより、指位置の後に方向性をコード化する方が正答に結びつくという可能性である。これは、 Wietelson (1974) が触知覚に関する実験において、言語刺激で左半球優位性が認められなかったことに対して、言語刺激は最初に空間的コードで分析され、それから言語コードに翻訳されることを示していると解釈したことからも示唆される。しかし、Wietelson (1974) の研究では、この空間的コードから言語コードへの処理過程について、発達的検討はなされていない。

　さらに完全正答率（方向、指位置ともに正答とされる反応率）は左手が右手より高いという結果が得られ、この左手優位の結果は反応時間の分析においてもみられた。このような結果からは、本研究の課題は、まず空間的に認知されることがより速く正確な反応につながる右

半球優位の課題であったことも考えられる。

　潜在的利き手検査の腕組み群で、左右の手の遂行に正答率および反応時間に差異がみられたが、この結果は坂野（1975）の結果と一致している。本研究では、左腕上の群は左手が右手に比べ有意に正答率が高く反応時間も速いが、右腕上の群は正答率、反応時間ともに左右差がみられなかった。これは、本研究が右半球優位の課題であったことが、左腕上群の左手優位は顕著にあらわれるが、右腕上群では右手優位があらわれにくいということにつながった可能性、また半球機能一側化の程度の発達的要因も関係している可能性が考えられるが、本研究のみで結論づけることはできない。

　正答率に顕著な年齢差がみられたが、4歳－6歳では手の非対称性は逆転するものではなく、完全正答率ではこの年齢を通じて左手が優位となり、系列的要因では右手、空間的要因では左手優位の傾向が一貫していた。但し6歳児で有意差のみられない結果があったが、これは天井効果の可能性が考えられる。

　第1－第3反応の反応時間の分析では、第1反応が最も速く、次いで第3反応で、第2反応が最も遅かった。第1反応後に、第2反応以下の判断があることが示唆される。

　刺激パターンについては、正答率は、Ⅰ・Ⅱの刺激パターンが、Ⅲ・Ⅳ・Ⅴ・Ⅵの刺激パターンよりも高いという結果が得られたが、反応時間では有意差はなかった。内側方向あるいは外側方向への手指の操作が発達的にどのように獲得されていくのかを検討する要があろう。

　また Nachshon & Carmon（1975）の研究は、成人を対象とし、視覚的に遮断した状況で、指への触刺激に対する運動反応を要求する課題であったのに対し、本研究では視覚系と運動系の両方が関与する課題であった。このことに関しては、彼らの行った課題は6歳未満の幼児では困難を要するものでありこの種の研究も不足していること、そして、本研究では手指操作における機能的非対称性の発達過程をみるた

めに4歳-6歳児を対象としたが、この時期では視覚系と運動系が
密接に関連しながら発達すると考えられるため、本研究では視覚系と
運動系の両方が関与する課題を行った。運動系の機能的非対称性は、
感覚系に比べると非常に早い時期に安定した非対称になることが知ら
れているが（坂野, 1970）、運動系、視覚系の個別の検討およびその相
互作用について、また感覚系の中でも視覚と触覚では、機能的非対称
性の発達過程にどのような差異がみられるのか今後の検討が必要とさ
れる。

　さらに、本研究の結果のように、右利きの幼児が操作課題によって
左手優位を示すことは、操作活動での遂行の優位側と利き手の優位側
とでは発達過程が同質のものではないことを示していると思われる。

第5節　第4章の研究の要約

　1．本研究は、利き手がより明確になり高度な技能的操作的活動が可
能となる幼児を対象とした研究で、偏好性が問題となる利き手と、操
作活動の遂行において優位な手は、どのような関係にあるのかを検討
したものである。そのため、右利きの幼児に片手操作課題を行い、系
列的関係と空間的関係の2つの分析方法により、手の左右非対称性が
みられるか否かを検討した。

　2．参加者は、4歳児23名、5歳児40名、6歳児40名の計 103名。
平均年齢はそれぞれ4歳6カ月、5歳5カ月、6歳6カ月であり、い
ずれの参加者も右利きであった。

　3．系列的要因と空間的要因の両者を含むと思われる片手操作課題を
行った結果、以下の点が示唆された。

（1）　系列的要因の分析では右手優位、空間的要因の分析では左手
優位が認められた。このように、右利きであっても、同一課題内で異
なる分析方法をとることにより優位な手が異なることは、利き手が操

82

作活動のすべてにおいても優位な手となるのではなく、左右の手各々が優位となる操作活動の内容は異なるものであることが示唆された。また、系列的要因は正答であっても完全な正答につながらない反応が多いことより、系列的要因と空間的要因を含む本研究の課題のような場合、系列的要因よりもまず空間的要因をコード化することが重要となることが示唆された。

（２）　完全正答（系列的要因、空間的要因ともに正答）はすべての年齢群で左手が優位しており、このことは反応時間の分析からもみられ、（１）の点を考慮しても利き手と操作活動の遂行の発達過程は同質ではないことが考えられる。

（３）　腕組み検査による右腕上の群と左腕上の群で、正答率および反応時間に差異が見られ、同じ右利きの者でも潜在的利き手により遂行が異なることが示された。

84

第5章　幼児の利き手とその指導

第１節　問題と目的

第２節　利き手検査方法

第３節　利き手検査の結果と考察

第４節　利き手指導に関する調査：
　　　　1987年と2007年の比較

第５節　第５章の研究の要約

これまで、手の活動に関連する大脳半球機能の発達を、胎児期から幼児期に焦点をあてながら、さまざまな指標から総合的に検討してきた。そのなかで、周産期には側性化の徴候がみられ、胎児期の向きや出生直後の頭部の向き、家族性左利きを検討することにより、左利きの強さの程度が（少なくとも操作活動で認められる強い左利きについては）推測できるのではないかということを示した。また、偏好性と操作性の優位側は発達過程が異なり、操作活動において早期に一側化がみられること、そして技能を含む操作性の高い活動であるほど一側化が顕著で、操作性の低い活動では一側化の程度は低く、他の要因、例えば言語発達や運動発達などによって機能的優位性が影響を受けることを示唆してきた。操作性の低い活動は一側化の程度が低いため、左手優位のリーチングを示していても、利き手の指導により好んで使用する手を右利きにすることは、強い左利きでなければ可能である。しかしこのような場合、個人のなかで優位な大脳半球機能を生かせないのではないかと思われる。特に、周産期の指標で左利きの徴候がみられ、乳児期において、左手で細かい動き、右手で支えの操作活動がみられる強い左利きの子どもに対して、好んで使用する手を右手にすることは容易ではないため、左手を使用させないという指導がなされるならば、不利な半球を使用することにつながるのではないであろうか。個人の能力を引き出すためにも、大脳半球優位性にみられる個性を重要視した教育が必要であると思われるが、実際には利き手の指導はどのように行われているのか。利き手の指導の影響はどのようであるのか。本章では、利き手の意識的な指導の行われることの多い幼児を対象に、利き手検査（「潜在的」と記述のない場合、現象的利き手を表す）並びに潜在的利き手検査、利き手の指導方法に関する調査、検討を行う。

第1節　問題と目的

　まわりの環境に自発的積極的に働きかけていく動きが、子どもの認知発達に重要であると、ピアジェ(Piaget,1936　谷村・浜田訳，1978)が指摘しているが、生理学的研究でも、環境から受動的に取り入れる入力でなく、乳幼児期の能動的運動出力が脳の発達に大きな影響力をもつことが認められている。例えば Held & Hein (1963) は、能動的に動いて育ったネコと受動的に育ったネコでは視覚行動の発達に差があることを示している。この研究では、子ネコを歩行可能になるまで暗室で育て、部屋の中心を軸に回転運動のできる装置に入れた。一方の子ネコは自分で動くことができ、それに伴う視覚経験をする能動的なネコである。他方の子ネコはゴンドラにのって自分では動けないが、能動的なネコの動きに連動して動く受動的なネコである。回転装置によってゴンドラのネコは能動的なネコと同じ視覚経験をするが、自らの運動に伴う視覚経験ではない。このようにして成長したネコに視覚的断崖で奥行知覚テストをすると、能動的なネコは奥行の違いを知覚できるが、受動的なネコは非常に成績が悪く、明らかな差がみられた（なお視覚的断崖の装置は、浅い側の模様板と深い側の模様板の上に透明なガラス板が張られているので、浅い側と深い側のどちらにも移動可能であり、奥行きの違いを知覚できるかどうか調べるために考案されたものである。床の模様板までの距離が異なって見えるので、奥行きの違いを知覚できるなら断崖を乗り越えて深い側に移動することは避けるであろうと考えられる）。

　手指で探索的に触れるという　アクティブ・タッチ（受動的触知覚とは異なる）を通し、より正確な情報を得ようとするような、手指の積極的能動的運動があれば、それに伴い手の体性感覚系が発達し、外界を精密に理解できるようになる。このような手指の動きに関して、大脳半球優位性から考えると、個人のなかで相対的に優位な半球（利き

脳）があり、左手優位の者と右手優位の者が生じる。橘・岩砂（2001）の研究では、養育者の観察によるものであるが、リーチングにおける非右手優位者（左手でのリーチングが優位する者、およびリーチングに左右差のない者）の割合は、生後6カ月未満の初期リーチングでは62.5％、1歳5カ月のリーチングでは31.9％であった。またゲゼル（Gesell,1940　山下訳，1966）の研究でも、1歳6カ月のリーチングにおける非右手優位者は33.3％であった。幼児期以降の利き手の発達については、4歳から大学生を対象に利き手調査を行ったSakano（1982）の研究がある。ボールを投げる、字を書く、絵を描く、ハサミを使う、ハブラシを使う、箸を使う時の手が、「左」か「右」か「どちらでもよい」のいずれであるかについて回答を求めたものである。結果は、幼稚園児は利き手の質問に十分に回答することが困難であったが、非右利き（左利きと両手利きを合わせたもの）の割合は、小学生7－12歳で14.8％、13歳で14.6％、15歳で9.0％、大学生で10.6％であった。このようなことから、好んで使用する手はどちらの手であるかという偏好性は、幼児期に大きな変化があったことが推測される。

　このような利き手における発達的変化は社会的環境の強い影響を受けて変化していくものと考えられている（Sovak, 1968）。しかし、このような左利きあるいは両手利きの多くの者を右利きへと変化させる環境からの圧力は、自発的積極的な動きの意味を重視していないのではないかと思われる。実際に幼児期に利き手の指導がどのように行われているのか、またその影響はどのようであるのか検討することが、本研究の目的である。幼児自身の質問紙への回答は困難であるため、養育者から回答を求めるという方法で調査を行った。

　左右どちらの手を好んで用いるかを問題とする利き手検査法として、代表的なOldfield（1971）のエディンバラ利き手テスト（Edinburgh Handedness Inventory）はじめ、Crovitz & Zener（1962），Annett

(1967)、八田・中塚（1975）の利き手テストなどがある。 Bryden
(1977) は、Crovitz & Zener のテストと Oldfield のテストを実施し
因子分析にかけたが、利き手に関する質問であると明確に考えられる
ものとして、「書く」「投げる」「描く」「ハサミで切る」「ハブラ
シでみがく」際に用いる手に関するものが抽出された。 Bryden
(1977) はこの５項目の質問が利き手に関する質問紙の簡略版となると
結論づけている。Sakano & Pickenhain (1985) は、Oldfield の利き手
テストと対比させた研究で、Bryden (1977) の結論の正しさを確認し
ている。 本研究では上記の５項目に、利き手の指導の対象に特になり
やすい「箸を持つ」という項目を加えて、幼児の利き手について検討
する。これらの項目はいずれも細かな技能を要するもので、その目的
を達成するために、片手反応を学習させるような道具を使用するもの
である。

　また、このような利き手は潜在的利き手とはどのような関係にある
のであろうか。 Luria (1966) の潜在的利き手検査のうち、Sakano
(1982) によりその妥当性が報告されている、指組み検査、腕組み検査、
利き目検査を行い、これらの指標と利き手との関係を検討する。

第２節　利き手検査方法

　参加者　岐阜県下の保育所および幼稚園児、３歳児 73名（男児38名、
女児35名）、４歳児 152名（男児74名、女児78名）、５歳児 152名
（男児78名、女児74名）、６歳児 130名（男児65名、女児65名）、計
507名が対象とされた。なお指組み、腕組み、利き目の潜在的利き手検
査を行うことが困難である３歳未満（保育所在籍）は対象外とした。

　調査方法　養育者に、下記の検査を記入した調査用紙を配布し回答
を求めた。質問項目すべてに回答が得られたものを有効とした（回収
率：92.7%，有効回答率：91.2%）。調査時期は、1987年９月であった。

調査内容 各検査の内容は次のとおりである。

利き手検査に関しては、「字を書く」、「絵を描く」、「ボールを投げる」、「ハサミを使う」、「ハブラシを使う」、「箸を使う」の6項目について、「右手を使う」、「左手を使う」、「どちらでもよい」の中から回答を求めた。

潜在的利き手検査については、指組み検査、腕組み検査、利き目検査が行われた。

指組み検査は、Figure 20 に示すように、指を組んだ際どちらの親指が上になるかで判定される。2回検査を行い、いずれも右手の親指が上になればR型、逆に左手の親指が上になればL型、左右のどちらの親指が上になっても違和感がなく、反復検査して結果が一致しない場合A型とされる。

腕組み検査は、Figure 20 のように腕を組んだ際どちらの前腕が上になるかで判定される。2回検査を行い、いずれも右腕が上になればR型、逆に左腕が上になればL型、左右のどちらの腕が上になっても違和感がなく、反復検査して一致しない場合A型とされる。特にこの検査では、参加者が左右の腕を重ねるだけでなく腕を組んだことを確認の上、体の中央で左右の腕が交差した部分（Figure 20 の円形の破線で囲まれた部分）を見て、どちらの腕が上になっているかを判断し記入することが要請された。

利き目検査は、参加者が小さな穴をのぞく際、どちらの目で見るかで判定される。2回検査を行い、いずれも右目で見る場合R型、逆にいずれも左目で見る場合L型、反復検査して結果が一致せず、左右どちらの目でもよい場合A型と判定される。

他に、右利きへの意識的な指導の有無、意識的な指導がある場合、その方法について、指導する状況や道具の具体的な記述を求めた。

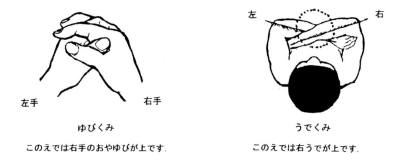

Figure 20.　指組み検査及び腕組み検査

第3節　利き手検査の結果と考察

　Oldfield（1971）の エディンバラ利き手テストでは、利き手を連続体としてとらえ、右利きから左利きまでの程度の強さを、ラテラリティ指数（ＬＱ）により、完全な右利き（全項目右手使用）が100点、完全な左利き（全項目左手使用）が －100点、右利き傾向と左利き傾向が等しいものが 0 点とされている。 本研究では、この Oldfield のテストを基にした Sakano (1982)の分類方法に従い、書字、描画、ボール投げ、ハサミ、ハブラシの５項目についてラテラリティ指数（ＬＱ）を算出して、ＬＱ100～80を右利き、ＬＱ 60～0を両手利き、ＬＱ －20 ～ －100を左利きとした。ラテラリティ 指数により利き手の分類を行った結果を Table 3 に示した。

Table 3

調査対象者の現象的利き手の分類

	3歳児		4歳児		5歳児		6歳児		合計	
	男	女	男	女	男	女	男	女	男	女
右利き	23	21	56	68	67	66	55	58	201	213
両手利き	12	11	12	4	7	2	6	1	37	18
左利き	3	3	6	6	4	6	4	6	17	21
合計	38	35	74	78	78	74	65	65	255	252

　これを基に、非右利き者（両手利き及び左利き）の割合が年齢ととも
にどのように変化するのかを、男女別に Figure 21 に示した。年齢
による差を、両手利き、左利きそれぞれ検討した。年齢 (4) ×利き手
(2) の χ^2 検定の結果、両手利きに有意な連関がみられたが（$\chi^2(3)=$
40.05, p <.001）、左利きは有意でなかった。このことは、左利きの割
合は年齢による差が認められないが、両手利きの割合が年齢とともに
減少することを示している。性差に関しては、年齢 (2) ×利き手 (2)
の χ^2 検定の結果、両手利きに有意な連関がみられ（$\chi^2(1)=7.11, p$ <
.01）、 左利きは有意ではなかった。

　両手利きの割合は、3歳では男児 31.6 ％、女児 31.4 ％と差がみ
られないが、女児は4歳で 5.1%と3－4歳に急激に減少するのに対し、
男児は徐々に減少し、6歳でも女児に比較すると両手利きの割合が多
い。 Tan (1985) の研究においても、利き手の確立しない幼児に女児
は少ないことが認められている。

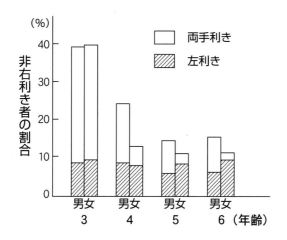

Figure 21. 非右利き者の年齢的変化.

　このように両手利きが年齢とともに減少すること、特に女児の急激な変化は右利きへの指導がなされたことが考えられることから、右利きへの意識的な指導の有無について、養育者の報告を検討した。Figure 22 は右利きへの意識的な指導があったと報告した者の割合を、調査時点での利き手別に示したものである。意識的な指導は、特に両手利き（調査時）の女児に最も多く 77.8 ％で、全体としても女児が男児に比べ指導を多く受けていることが知られる。また利き手別では、両手利きで指導の割合が多い。

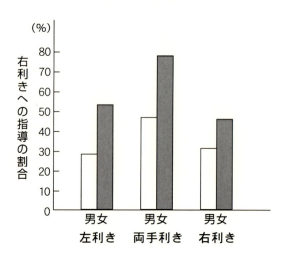

Figure 22. 調査時点における利き手とそれまでの右利きへの指導.

　指導の方法については、調査の時点で既に右利きになっていた者では、左手使用の場合持ちかえさせる、右手で取りやすいようにする、ことばかけによる、という3つの方法がほぼ同じ割合（順に32.1%、31.9%、30.7%）で多くとられていた。続いて、食事の際に子どもの横あるいは背後から箸の持ちかたを手本を示しながら指導する（25.8%）、左手使用の場合手をたたく（4.8%）、という方法で、他に、袖を長く伸ばし左手を隠し使用しにくくする、衣服の脱ぎ着を必ず右から行う、子どもを抱く際右手に触れ刺激する、といった方法も報告されている。それに対し、調査時点で両手利きと左利き（非右利き）の場合、ことばかけでの指導が最も多く（61.3%）、右手で取りやすいようにする（26.9%）、左手使用の場合持ちかえさせる（22.6%）、食事の際子どもの横あるいは背後から手本を示す（18.3%）、という方法が続く（同じ養育者が複数の指導方法を回答している場合があり、総計が100%を超える）。

　ことばかけにも、右利きと非右利きで顕著な差がみられ、調査時点

で既に右利きになっていた者では、「右手で持ちなさい」「反対よ」というような強制的な指導の側面がみられる。一方、非右利きでは、「こちらの手にしようかな」「右手でも上手にできるよ」「右手でやってみてごらん」と叱ることなく、子どもへの配慮のある指導がとられていた。厳しい指導の下で、多くの非右利き者（特に両手利き）が右利きへと矯正されたことが推測される。また、親自身は右利きへの指導は必要なしとしていても、保育所や幼稚園で、あるいは祖父母によって指導されるとの報告もみられた。親が矯正する必要はないという意見でも、将来困るのは子ども自身であるから、子どものために矯正しなければならないとの考え方である。

　次に、利き手検査の6項目の中でどの項目について右利きへの指導をしてきたかを、養育者に回答を求めた結果、指導の多いものから、箸（指導のあった中の98.7%）、書字（90.6%）、描画(85.9%)、ハサミ(69.8%)、ハブラシ(52.3%)、ボール投げ(30.1%)の順であった。本研究では対象が幼児であり、字を書く段階まで至らない対象児も含まれているため、書字の指導に関しては、より高い年齢の方が、指導の割合も高くなるものと思われる。

　箸の使用に関して右利きへの指導が多くなされていることが、養育者の報告から示されたが、ラテラリティ指数（ＬＱ）に表される他の5項目との関係をみるために、箸を使用する手とＬＱの分布を Figure 23 に示した。箸を右手で使用する者は、右利き（ＬＱ 100〜80）だけでなく、両手利き（ＬＱ 60〜0）、そして左利きのＬＱが −20 と−60の女児2名（5、6歳）にみられた。箸を左右同程度に使用する者には、左利きのＬＱが −60 と−80の女児5名(いずれも6歳)も含まれるが、右利き（ＬＱ 100〜80）ではみられない。箸が他の5項目と比べ右側傾向にあること、特に女児が箸を右手で使用する傾向の強いことが認められる。つまり、特に女児は、ラテラリティ指数でみる非常に強い左利き以外は、左利きでも箸は右手あるいはどちらの手でも使

用できる者が多くみられた。

　また左利きのうち、箸と書字に用いる手が右側傾向にあり、ボール投げ等は左手というタイプ（タイプ I ）が 39.5 ％、逆に、箸と書字は左手で、ボール投げ等は右側傾向を示すタイプ（タイプ II ）が 34.2 ％、すべての項目が左手という完全な左利きタイプ（タイプ III ）が 26.3 ％であった。女児はタイプ I が多く（女児全体の 57.1 ％）、男児はタイプ II が多い（男児全体の 52.9 ％）。年齢とともにタイプ I が増加し、タイプ II 、III の減少がみられた。箸と書字は他の項目に比べ、手指のより細かい動きを要するという機能的な問題や、性別による脳の違いを考慮しなければならないが、右利きへの指導の影響が強いことが示唆される。　本研究で対象となった 3 − 6 歳の幼児の左利きは 507名中38名で 7.5％となったが、 日本とカナダの大学生を対象に利き手検査を行った Ida & Bryden（1996）の研究では、日本での左利きは 4.7％（カナダ 7.5％）で、日本で利き手の指導の多いことがうかがえる結果を報告している。中でも、書字の左利きは1.4％（カナダ 8.6％）と大きな差が両国間にみられるが、例えばボール投げの左利きは 5.2％（カナダ 6.5％）と、矯正の対象となりにくいものでは差が小さい。また女子が両国ともに全般的に左利きの少ないことが認められている。矯正が現在よりも厳しいことが推測される戦前の小学校における利き手検査を行ったKomai & Fukuoka（1934）の研究報告の中で、書字とボール投げを比較すると大きな差がみられる。書字の左利きは、第 1 学年では男子 5.1％、女子 2.9％であったが、最終学年では男子 0.2％、女子 0.0％となっていた。一方ボール投げでは、第 1 学年では男子 7.4％、女子 6.4％で、最終学年では男子 6.4％、女子 4.0％と、最終学年までほとんど変化がみられなかった。

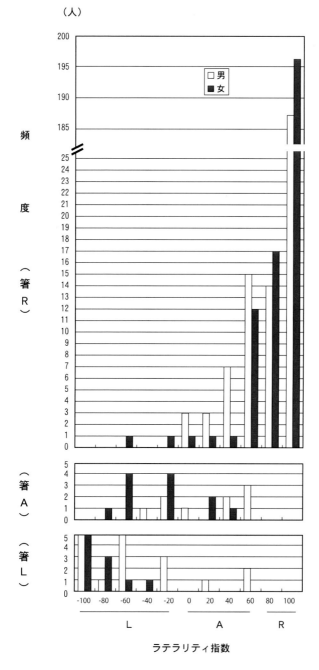

Figure 23. 箸を持つ手とラテラリティ指数

これまで述べてきたような、どちらの手を好んで用いるかといった偏好性を問題とする（現象的）利き手は、Luria（1966）の潜在的利き手とはどのような関係があるのであろうか。指組み検査、腕組み検査、利き目検査と（現象的）利き手との関係を Table 4 に示した。

Table 4

調査対象者の潜在的利き手と現象的利き手の関係による分類

	指組み			腕組み			利き目			合計
	L	R	A	L	R	A	L	R	A	
右利き	224	188	2	178	228	8	98	285	31	414
両手利き	41	14	0	44	9	2	23	28	4	55
左利き	24	13	1	27	9	2	15	17	6	38
合計	289	215	3	249	246	12	136	330	41	507

　腕組み検査については、R型とL型の割合がほぼ同数となり、腕組み（3）×利き手（3）のχ^2検定を行った結果、有意な連関がみられた（$\chi^2(4)=39.90$, $p<.001$）。即ち、現象的利き手での右利きは腕組みR型が多く、非右利きでは腕組みL型が多い。利き目検査では全体的に右に偏る傾向がみられたが、利き目（3）× 利き手（3）のχ^2検定を行った結果、有意な連関が認められた（$\chi^2(4)=16.38$, $p<.005$）。また指組み検査では、全体的に左に偏る傾向がみられたが、指組み（3）× 利き手（3）のχ^2検定を行った結果、有意な連関がみられた（$\chi^2(4)=12.17$, $p<.05$）。　さらに、潜在的利き手検査の指組み、腕組み、利き目のすべての指標においてL型であった者（LLL）は全体の30.4％で、そのうちの 84.9% が非右利きであり、右利きは 15.1 ％であった。逆にすべての指標においてR型であった者（RRR）は全体の 20.4 ％であり、そのうち73.6%が右利きで、非右利きは 26.4%

であった。

　本研究では腕組み検査は左右の比が約 1 対 1 となり、現象的利き手での右利きは右腕上となる潜在的右利きが多く、現象的利き手での非右利きは左腕上となる潜在的左利きが多いことが顕著に認められた。そして腕組みでは Table 4 に示されるように、現象的左利きの大部分を潜在的左利きが占めるのに対して、現象的右利きの半数強程度が潜在的右利きであろうという、 Luria（1970）の仮説を支持する結果となっている。この仮説は以下のことから説明される。まず潜在的右利きと潜在的左利きの比率を約 1 対 1 とし、現象的左利きを人口の10％と仮定し、この10％のすべての人が潜在的な左利きであるとすると、現象的右利きに移行した潜在的左利きは人口の40％となり、人口の50％を占める潜在的右利きであり、また最初から現象的右利きであった人との比は 4 対 5 となるからである（坂野, 1982）。

　潜在的利き手検査について、 Sakano（1982）は、 3 つの指標とも幼稚園児から大学生にかけて大きな違いはなく、腕組みではR型45－55％ L 型40－50％、指組みではR型40－50％ L 型50－55％と、ほぼ 1 対 1 であり、利き目ではR型60－65％ L 型30－35％と圧倒的に右優位の者が多いという結果を報告している。本研究では、 Table 4 に示すように、腕組みではR型48.5％ L 型49.1％、腕組みではR型42.4％ L 型57.0％、利き目ではR型65.1％ L 型26.8％となり、ほぼ同様の結果が得られた。利き目 L 型の割合が少し低いのは、 A 型が多くなったためではないかと思われる。また、極端な潜在的右利き（ＲＲＲ型）と極端な潜在的左利き（ＬＬＬ型）は、 Sakano（1982）によれば全体の20－30％ということであるが、これも同様の結果となったが、ＲＲＲ型の方が多いことを 9 歳から大学生で認めているが、本研究の対象となった 3 － 6 歳ではＬＬＬ型の方が多いという結果となった。

　では、強制的に利き手を変更することは、脳の機能に影響するのであろうか。中田（2001）は、ｆＭＲＩ(functional magnetic resonance imaging）の技法を用いて、矯正を強要された左利きの人と強要されなかった人では、左手を使用する時の脳の働きが異なることを明らかにしている。　Figure 24 を見ると、左手を使用するとき、強要されなかった人は右半球が活性化しているが、強要された人は右半球のみでなく左半球も同時に機能しているのがわかる。中田は、脳から見れば左利きは左利きであり、左手を使用するはずのときに右手ばかり使用することは、左手が麻痺していると解釈されてしまい、左利きとして生まれてきた人が右利きとなることを強要された場合、あたかも左手が麻痺しているかのように脳が訓練されると述べている。

Dennis & Whitaker（1976）等の研究から3歳頃までは特に脳の可塑性が高いことが報告されているが、この時期に強制的に利き手を変更するならば、脳の機能に影響があるのではないかということも考えられる。利き手を変更したことが、器用さにどのような影響があるのか、大学生を対象に検討した Hoosain（1990）の研究では、利き手の変更によって器用さは左右どちらも十分に発達しなかった可能性が示唆されている。即ち、第2指のタッピングを20秒間、利き手と非利き手5試行ずつ行った結果、右利き群の平均は右手 132回、左手 117回となり右手優位、左利き群は右手 115回、左手 130回となり左手優位、利き手変更群は右手 118回、左手 117回で左右差がみられないという結果となった。ここで重要なことは、利き手変更群は左右差がみられなかっただけでなく、右利き群と左利き群の非利き手の成績に近いことである。左手優位となるはずの左利きの人が、利き手を変更するならば、中田の指摘するように、左手が麻痺しているかのように脳が訓練され、右手がそれを補っても、左利きは左利きであり右手優位にはならないということではないかと考えられる。

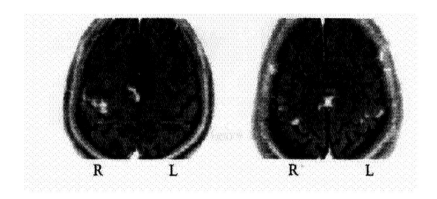

Figure 24. fMRI：左利き．「矯正」を強要された左利きの人（右）とされなかった人（左）では，左手を使うときの脳の働きが違う（中田，2001より引用）．

　実際に左利きということでどのような問題を感じているのであろうか。ある左利きの22歳の女性は、"今まで左利きでほんとうに困ったということはない。しかし、非常に多くの人から「あら、左利きなの」といわれ、めずらしがられるし、「女の子なのだから、お箸は右手で持たないと将来困るよ」といわれ、子ども心に傷ついた記憶がある"と報告している。また、小学生の場合は、"担任から「小さい頃おかあさんがなおしてくれなかったのね」といわれ悲しくなった"という者や、"習字のとき先生から「日本語は右手で書くものだ」といわれるなど細かく注意を受け、先生とけんかになった"と報告する者もいる。皆と同じでなければならないという枠組をもった考え方が、幼い心を傷つけたり、母親の教育が問題であるかのような偏見につながっているのではないであろうか。保健師として次年度から親への指導にあたる学生の調査では、"矯正はしない方がいいと思っている。しかし、母親から利き手について相談を受けた場合、はたして矯正は

しない方がいいですよといっていいのだろうか。私自身が親の立場に
たったらやはり矯正してしまうかもしれない"と報告した者もいる。

　確かに生活の中で、書字の問題や、右利き用に作製された道具や設
備に対応するために時間がかかることなどの不便さは考えられる。書
字に関しては、特に漢字は筆順や筆使いが右手の方が書きやすくなっ
ている。左から右へと点画を書いていくと、右手では書いた部分を見
ながら書き進めるが、左手では手が妨害して見にくくなるし、手で字
を擦ってしまう場合もある。毛筆で左から右へ右上がりに書く際には、
筆を押すかたちになって書きにくい。このような右手用の書き方が矯
正につながるとも考えられる。伊田（1997）は、書写指導において、子
どもの側に立つ教材、子どもの側に立つ学習指導をめざすのであれば、
左利きの矯正を主張する前に、左手で書くときれいにかけるような書
き方の考案を求めることが本来まず主張されるべきではないだろうか
と述べている。また、左利きでは使用しづらかったり、入手しにくい
ものは少なくない。例えば、右側に投入口のある自動改札機や自動券
売機は、重い手荷物の時や急ぐ時、混雑時は利用しづらいし、左利き
用のグローブやハサミは、高価であったり店頭には置いてない場合が
多い。少数であるためのこのような不便さを理解し、左利き用の道具
や設備を整えることが必要である。

　左利きの成因について、その代表的な説明理論に病理説と遺伝説が
ある。病理説は、利き手を支配する半球に微細な損傷を受けた結果、
補償作用として利き手が変更されたというものであるが、この場合、
右利きへの強制的な指導は、損傷を受けた半球に非常に無理が生じる
ことになると考えられる。一方、遺伝によって規定されるという考え
方でも、個人の中で優位する半球を生かさず、不利な半球を使用する
ことにつながる。

　上述したように、利き手の変更を強要した場合、優位であるはずの
左手が麻痺しているかのように脳が訓練され、非利き手で補われるこ

とになるが、非利き手はあくまでも非利き手で、優位する側がない、個人の特徴を出せないということになる。さらに、別の手を使用するように頻繁に指導を受けることにより、何かをやろうとした際にも能動的な活動が十分に行えなくなることや劣等感を持ちやすくなることが考えられる。生活上の不便さをできるかぎり軽減し、周りの偏見をなくし、個性を尊重して個人の能力を十分に生かせるようにすることが重要ではないかと思われる。

第4節　利き手指導に関する調査：1987年と2007年の比較

　2007 年に利き手指導に関する調査を行ったが、調査目的は、1987 年の調査より 20 年経過して、利き手の指導はどのように変化しているのか検討することであった。

　調査対象は、名古屋市名東区近郊の幼稚園・保育園にアンケート調査を依頼し、29 件の回答を得た。調査時期は 2007 年 10 月〜11 月であった。

　結果は、Figure 25 に示した。

　右利きへの指導はしないとの回答は 45％で、基本的に利き手の指導は行わないが、保護者からの要望があれば指導をするとの回答が 21％であった。あわせて 66％が、園としては基本的に右利きへの指導はしないとしている。逆に、保護者に確認し利き手の指導をするとの回答が 21％、子どもの気持ちに配慮しながら利き手の指導をするとの回答が 13％であり、あわせて 34％は右利きへの指導を行うとしている。

　年齢により異なる指導を行うという一幼稚園があり、年少児では、入園前に調査をして、保護者から利き手の指導の要望があれば行うが、年中児では完全な左利きは右利きへの指導はしない、また年長児では特に指導はしないとの回答があった。

　回答をいただいた園のみではあるが、1987 年の調査より 20 年を経過した 2007 年の調査では、利き手の指導は、子どもの気持ちにより配

慮した指導がされているのではないかと思われる。

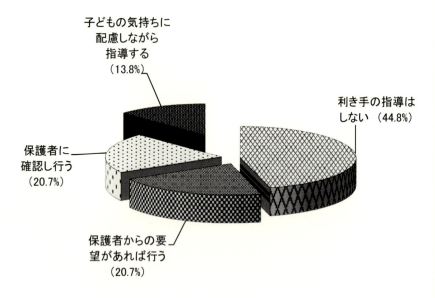

Figure 25. 利き手の指導（2007年調査）

第5節　第5章の研究の要約

　1．個人の能力を引き出すためにも、大脳半球優位性にみられる個性を重要視した教育が必要であると思われるが、実際には利き手の指導はどのように行われているのであろうか。本章では、利き手の意識的な指導の行われることの多い幼児を対象に、実際に利き手の指導はどのように行われているのか、その影響はどのようであるのかを検討することが目的である。

　2．参加者は、3歳児　73名（男児38名、女児35名）、4歳児　152名

（男児74名、女児78名）、5歳児 152名（男児78名、女児74名）、6歳児 13名（男児65名、女児65名）、計 507名が対象とされた。幼児自身の質問紙への回答は困難であるため、観察により養育者から回答を求めるという方法で調査を行った。

3．調査内容は、現象的利き手検査では、書字、描画、ボール投げ、ハサミ、ハブラシ、箸の6項目について、どちらの手をよく用いるか3件法で回答を求めた。潜在的利き手検査では、指組み検査、腕組み検査、利き目検査が行われた。他に、右利きへの意識的な指導の有無、意識的な指導のある場合、その方法について回答を求めた。

4．ラテラリティ指数から利き手を分類し、非右利きの者の割合が年齢とともにどのように変化するのかを検討した結果、左利きの割合は3－6歳の年齢を通してほとんど変化がなく、両手利きの割合が年齢とともに減少するのが認められた。特に女児は4歳の時点で急激に両手利きが減少していた。男児も年齢とともに徐々に両手利きが減少しているが、6歳の時点でも女児に比べ両手利きの割合は高い。このような結果は、右利きへの意識的な指導がなされたことが考えられる。

5．養育者の報告から、右利きへの指導は、両手利き（調査時）の女児で最も多く、全体としても女児が男児に比べ指導を多く受けていたこと、利き手別では、両手利きで指導の割合が高いことが認められた。

6．指導の方法については、調査時の利き手が右利きになっていた者に対しては、強制的な指導の側面がみられたが、非右利きの者に対しては、叱ることなく、子どもへの配慮のある指導がとられていた。厳しい指導の下で多くの非右利き者（特に両手利き）が右利きへと矯正されたことが推測される。利き手検査の6項目において、指導の多いものから、箸、書字、描画、ハサミ、ハブラシ、ボール投げの順であり、特に女児は、ラテラリティ 指数でみる非常に強い左利き以外は、左利きでも箸は右手あるいはどちらの手でも使用できる者が多くみられた。

7．左利きのうち、箸と書字に用いる手が右側傾向にあり、ボール投げ等は左手というタイプは女児に多く、逆に箸と書字は左手で、ボール投げ等は右側傾向を示すタイプは男児に多く、年齢とともに前者のタイプが増加し、後者のタイプは減少していた。

8．現象的利き手と潜在的利き手との関係については、潜在的利き手検査の中の腕組み検査は左右の比が約1対1となり、現象的利き手での右利きは右腕上となる潜在的右利きが多く、現象的利き手での非右利きは左腕上となる潜在的左利きが多いことが顕著に認められた。さらに現象的左利きの大部分を潜在的左利きが占めるのに対して、現象的右利きの半数強程度が潜在的右利きであろうという Luria (1970) の仮説を支持する結果となった。

9．強制的に利き手を変更することによる脳の機能への影響について検討された。利き手の変更を強要した場合、優位であるはずの左手が麻痺しているかのように脳が訓練され、非利き手で補われても、非利き手はあくまでも非利き手で、優位する側がない、個人の特徴を出せないということになる。さらに、別の手を使用するように頻繁に指導を受けることは、何かをやろうとした際能動的な活動も十分に行えなくなることや劣等感を持ちやすくなることが考えられる。生活上の不便さをできるかぎり軽減し、周りの偏見をなくし、個性を尊重して個人の能力を十分に生かせるようにすることが重要ではないかと考えられた。

10．利き手の指導に関するアンケート調査結果からは、1987 年の調査より 20 年を経過した 2007 年の調査では、利き手の指導は、子どもの気持ちにより配慮した指導がされているのではないかと思われる。幼稚園・保育園としては、基本的に右利きへの指導をしないとの回答は 66％であった。

第6章　幼児期の前頭前野の活性化につながる遊び：
保育現場の調査

第1節　問題と目的

第2節　保育現場における調査方法

第3節　調査の結果と考察

第4節　第6章の研究の要約

第1節　問題と目的

　1970 年代より、ナイフで鉛筆が削れない、靴の紐が結べないといった子ど
もたちが急速に増えてきている。このように、手が不器用になっていること
の背景には、子どもたちの遊びや生活や学びの質の変化の問題がある。現在
も子どもたちは、ますます自分の手や体を存分に使って遊んだり生活するこ
とが少なくなっており、また頭も手も使って学ぶおもしろさから遠ざけられ
ていることが須藤ら（2007）により指摘されている。著者は 70 年代に幼稚園
で鈴木ビネー知能検査を 300 名余りに行った際、6 歳級の問題である、棒に
ひもを結ぶ「ひも結び」問題を通過した 6 歳児がいなかったことには驚かさ
れた。ほとんどの子どもたちは、手本を見ただけで初めから「できない」と
言って、ひも結びを試みようともしなかった。その後、保育、心理学などの
専門家が警鐘をならし、保育現場でも子どもたちが考えながら手指を使うよ
う指導していただいたと思うが、筆者も須藤ら（2007）と同じ思いをしてき
た。その背景には、彼らが指摘するように、1960 年代の高度経済成長期を経
て、急速に普及したテレビの影響がある。70 年代には遊び道具は大量生産・
大量消費の「商品玩具」が主流となり、80 年代からの「情報化・ヴァーチャ
ル化」、現在はパソコンや携帯電話の普及による「ネット社会」などの影響が
ある。かつて子どもは遊び道具は自分たちの手で作り、屋外で仲間と徒党を
組んで遊んでいたが、現在は子どもたち自身で遊びや遊び道具を考え工夫す
る必要性が非常に少なくなり、室内で一人でもさまざまな遊びのおもしろさ
を擬似体験することができるようになった。現実体験、直接体験が少なくな
り、人格形成途上にある子どもたちは、ネット社会化の影響を受けやすく、
現実感を喪失しつつある子どもたち、社会にうまく適応できない子どもたち
も少なくないと思われる。便利になった情報化社会の中でこそ、遊びや生活
の実体験を通して人や物と豊かに交わることが重要であろう。

　このような実体験が失われつつあることと、他者の気持ちを思いやること
ができない、不適切な行動を抑制できない、目標志向的行動がとれない、自

発性や意欲がみられないといった大脳の前頭前野の機能に問題が考えられる子どもたちが増えてきたこととは無関係ではないと思われる。寺沢ら（2000）は、1969 年より日本と中国の幼児から中学生を対象として、（前頭前野の機能に関わることが確かめられている）go/no-go 課題実験を行ってきたが、その一連の研究結果をまとめ、次のような報告をしている。彼らは、日本の子どもたちの前頭葉機能、特に抑制機能の発達が高度成長期以降遅れ始めた可能性を示し、こうした遅れが生じた要因として、動的遊びから、ＴＶゲーム、テレビ、ビデオなどの静的遊びに移行し、身体活動量とコミュニケーション量が減少したことをあげている。この研究結果を基に、篠原ら（2001）は、身体活動とコミュニケーションを重視した野外キャンプ活動を行った結果、go/no-go 課題の成績が向上したことを報告している。尚、キャンプ活動の内容は、共同での食事作り、テント設営、登山、クラフト作り、川遊び、各種ゲーム、キャンプファイヤーであった。この研究の中に、共同での食事作りやクラフト作り、テント設営など、手の活動による目標指向的行動を仲間とともに行うというような内容も含まれていることが注目される。脳機能イメージング研究でも、前頭前野の活性化には、主として何かを創りだすことを目的にして手指を使用すること、（相手の気持ちを考えながら）対面的コミュニケーションをすること、芸術活動、単純計算、音読が効果的であることが認められている（川島，2004）。

　基礎形成の時期で脳の急激な発達のみられる乳幼児期に、保育現場でどのような取り組みがなされているのか、調査を行った。

　調査の目的は、保育現場で、前頭前野の機能の発達を促すような取り組みがどのようになされているのか検討することであった。

第２節　保育現場における調査方法

調査対象　名古屋市名東区近郊の幼稚園・保育園171件にアンケート調査を依頼し、29件の回答を得た。

調査時期　　2007年10月〜11月に調査が行われた。

　　調査内容　　子どもの創造性を高めたり、考える力を育てるためのカリキュラムについて、その具体的な内容および指導法について、自由記述でのアンケート調査を行った。なお、調査の依頼状に、研究目的と研究以外に使用しないことを記述し、調査は自由意志で個人を特定しないことを文章に明記し同意を得るという倫理的配慮をした。

第3節　調査の結果と考察

　　結果は次のとおりである。どの年齢にも共通することとして、次のような事柄があげられていた。

・遊びの中で、数の概念を理解するなど思考力、創造性を高めている
・散歩先でのどんぐり集めも、草花遊びも手指を使うことであり、それら自然の素材を使った制作は、手指を使用し創造性を高めるものである
・楽しんでその活動に参加することで、思考の発達につながっていく
・おしゃべりやわらべうたの手遊びの中で、友達と指どうしでおしゃべりなど、手指を使ってお話をして遊んでいる
・空箱、ダンボールが日常から十分使用できる環境を作っている
・エコ活動の一環として廃材を使った制作を楽しんでいる
・畑に野菜を作り、収穫した後、簡単に調理し食するという体験を行っている
・全園児を対象に、木片を使って自由にさまざまな物を、カナヅチと釘を用い（年長ではノコギリも使用して）制作している
・子ども一人ひとりを認め、受け入れ、型にはめることなく保育し、子どもが表現したものを尊重し認めている

　　手指活動以外にも、創造性を高め考える力を育てるカリキュラムとして、観劇、自然の中での活動（自由遊び）が挙げられていた。

調査にご協力いただいた名古屋市の幼稚園・保育園では、前頭前野の機能の発達を促すためのさまざまな積極的な取り組みが行われているが、Table 5は、手指活動をとおして、子どもの創造性を高めたり、考える力を育てるためのカリキュラムを年齢別にまとめたものである。

　特に、カナヅチ、釘を使用した木工作（年長児ではノコギリをも使用した大型木材工作の共同制作もなされている）、包丁を使用した料理作り、針と糸を使用したティッシュケース作りやぞうきん作りは、幼児期には危険を伴う作業である。課題の達成までには、怪我をさせないことや道具の使用法、工程のわかりやすい説明などさまざまな配慮が必要で、指導は容易ではない。しかしこのような課題は、子どもたちには、集中力が要求され、また道具の動きを時間的・空間的に予測し、手指を微調整しながら動かすことが要求され、完成品のイメージを創造しながら完成させていく過程があり、前頭前野の機能を活性化するために、非常に効果的であると考えられる。手指そのものでモノに働きかけるよりも、道具を使うことは、はるかに高度な知能を必要とするが、カナヅチと釘と木片、包丁と食材、針と布という複数のモノの動きの微調整は、道具の扱いからも非常に高度で、体験的に学習しなければならないものである。これらの課題は、左右どちらの手でも行えるものではなく、左右それぞれの手の役割が顕著になるので、利き手を見つけるのにも都合がよい。

　野菜作りや、散歩先でのどんぐり集め、草花遊びにみられるような自然体験と、自然にふれる中での会話、その中で見つけた自然の素材を用いた制作が行われている。また手遊びにおいても、創造性・思考力を高め、しつけや数の概念の理解などにも役立つように、年齢にあった工夫がみられる。調査にご協力いただいた園については、子どもたちの諸発達を考慮した丁寧な指導がうかがえる結果が得られた。

Table 5

手指活動をとおして、子どもの創造性を高めたり、考える力を育てるためのカリキュラム（具体的な内容・指導法）

年齢	内容・指導法等	
年少	・ ピカピカ泥だんご作り ・ 自然の素材を使った制作 ・ コマまわし（ひもでまわす） ・ あやとり ・ ぞうきんをしぼる ・ 絵画（クレヨン，絵の具） ・ 粘土 ・ 折り紙 ・ ちぎり紙 ・ ブロック、ブロックアート ・ 積み木、カプラ（板積み木）	・ 手遊び（5本の指を通して家族にみたて，創造性を高め，しつけにも役立つように活用する） ・ ビーズ通し（ひも通し） ・ パズル ・ 水筒もストローはNG，フタを開けコップにそそいで飲む ・ 料理作りのお手伝い ・ お箸使用 ・ 七夕笹飾りを自分でつける
年中	・ ピカピカ泥だんご作り ・ コマまわし（ひもでまわす） ・ あやとり ・ 指あみ ・ 絵画教室 ・ 造形遊び ・ 作品展（種々の材料を用意し，子ども達が自分で考えて制作できる環境） ・ パズル	・ 自然の素材を使った制作 ・ ビーズ通し ・ 手遊び（グー，チョキ，パー） ・ ブロック、ブロックアート ・ お箸使用 ・ 切り紙 ・ お泊り保育時の料理 ・ 針と糸を使ってストローと数珠玉でネックレス作り
年長	・ ピカピカ泥だんご作り ・ コマまわし ・ 自然の素材を使った制作 ・ あやとり ・ 指あみ（みつあみ、よつあみ） ・ 針と糸を使ってストローと数珠玉でネックレス作り ・ 木工作（釘とカナヅチ、ノコギリを使用し大型木材工作を共同制作） ・ 折り紙 ・ 切り紙 ・ アイロンビーズ ・ 粘土遊び ・ 塑像づくり ・ 絵画教室 ・ 手遊び（両手を使って10羽のすずめの歌あそびを通してゲーム感覚であと何羽…数の概念や思考力を育てる）	・ 作品展（種々の材料を用意し，子ども達が自分で考えて制作できる環境） ・ お泊り保育時の料理 ・ 糸と針でティッシュケース作り（布）、ぞうきん作り ・ 織物 ・ 野菜のくず切り ・ 織物 ・ 毛糸遊び（くもの巣づくり，マフラー，あやとり） ・ ウィビング（ざぶとんづくり） ・ 版画 ・ お店屋さんごっこの行事を通して、役割分担し工夫して作品作り ・ 紙芝居づくり ・ 新聞紙での遊びの中で創造性を引き出す

前頭前野は、不適切な行動の抑制、記憶や感情の制御、創造、意志決定、意欲、集中力、他者想像性に関わっており、脳の中でも最も高度な精神活動をつかさどっていて、他の動物に比べよく発達しているため、人間を人間たらしめる場所ともいわれている。

　どのような行為を行っているときに前頭前野を活性化することができるのか光トポグラフィーを用いて検証した報告（川島，2004）によると、編み物、裁縫、包丁での皮むき（ピーラーでは前頭前野は活性化されない）、料理を作ること、折り紙を折ること、ハサミで紙を切り抜くことで、前頭前野の活性化がみられている。特に料理は、メニューを考える、下ごしらえをする、炒める、盛り付ける、いずれの場面でも左右の前頭前野が活性化していた。また、考えながらの描画や書字、1人でアカペラで歌うとき、楽器の演奏をしているとき（特に新しい楽曲に挑戦しているときに活性化が顕著で、弾きなれた曲の演奏では右脳の前頭前野のみ活性化の傾向）も前頭前野の活性化がみられたが、音楽を聴くことは前頭前野の活性度を下げていた。多くの楽器で検討した中で、演奏時唯一前頭前野の活性化をともなわなかったのは、カスタネットであったことは興味深い。指先の動きが関係しているのではないかと解釈されている。音読や単純計算以外では、主として何かをつくり出すことを目的にすること、手指を使うことが前頭前野の活性化につながるのではないかと考えられる。また篠原ら（2004）は、前頭葉血流動態を光トポグラフィーを用いて検討し、組立て遊具で遊ぶ際に前頭前野で活動が高まることを報告している。組立て遊具では、最終形や次の形、手順を想像しつつ順次組立て作業を実行していくので、「想像・創造性」が特性であろうと述べている。木工作、積み木遊び、レゴ、パズルなどがあてはまるであろう。さらに、彼らはアイボと遊ぶ際にも前頭前野が活性化することから、他者の心の想像「他者想像性」に関わりうる可能性を報告している。そして、前頭前野は運動関連領野とも神経線維連絡を持っていることから、運動との関係においても非常に重要な部位であり、運動によって脳血流を増大させる可能性も報告されている（加藤・柾矢，2002）。リズムアクション系ゲームで前頭前野

の活性化が認められていることから（川島，2004）、ダンスはもちろんであるが、ボール遊び（キャッチボール、卓球、お手玉など）も時間的・空間的に適切な行動のプログラミングが必要とされ効果的であろう。また前述したように、自然の中での群れ遊びは、身体活動量、コミュニケーション量増加の点からも前頭前野活性化に効果があると思われる。

　以上のような活動が、脳科学研究により前頭前野の活性化に関わる活動として認められているが、絵本や、観劇も、ストーリーの中に入り込んで登場人物の気持ちを考えてみたり、ストーリーの続きを考えるよう促すことで、「想像・創造性」、「他者想像性」に関係して前頭前野の活性化につながるであろう。

　このようなことから、名古屋市の幼稚園・保育園より回答をいただいたTable 5に示したカリキュラムは、前頭前野の発達を促すために適切なカリキュラムであると思われる。特に、大型木材工作の共同制作、包丁を使用した料理作り、針と糸を使用したティッシュケース作りは、非常に高度なもので、指導も容易ではないが、前頭前野の機能の発達を促すには非常に効果的であると思われる。

　基礎形成の時期で、脳の急激な発達のみられる乳幼児期に、脳の発達をふまえた教育は重要であると思われる。子どもたちそれぞれの能力を十分に引き出せるように、また考えながら手指を使用して仲間と協力し合い、ものを創り出す喜びを子どもたちに体得してほしいと思う。また足を使うことによって脳の活動レベルを上げることも重要である。「自然体験」や「ものづくり体験」などの機会が増えるように、保育関係者だけでなく、地域が一体となった取り組みが広がっていくことを願っている。

第4節　第6章の研究の要約

　1．基礎形成の時期で脳の急激な発達のみられる幼児期に、保育現場ではどのような取り組みがなされているのであろうか。本章では、保育現

114

場において、手指活動をとおして前頭前野の機能の発達を促すような取り組みがどのようになされているのかを検討することが目的である。

2．名古屋市名東区近郊の幼稚園・保育園にアンケート調査を依頼し、29件の回答を得た。

3．調査内容は、子どもの創造性を高めたり、考える力を育てるためのカリキュラムについて、その具体的な内容及び指導法について、自由記述で回答を求めた。

4．前頭前野の機能の発達を促すためのさまざまな積極的な取り組みが行われているという結果が得られた。特に、大型木材工作の共同制作、お泊り保育時の包丁を使用した料理作り、針と糸を使用したティッシュケース作り・ぞうきん作り等は、非常に高度なもので、指導も容易ではない。しかし、このような課題は、子どもたちには、集中力が要求され、また道具の動きを時間的・空間的に予測し、カナヅチと釘と木片、包丁と食材、針と布という複数のモノの動きの微調整をしながら手指を動かすことが要求され、完成品のイメージを創造しながら、またコミュニケーションをとりながら完成させていく過程があり、前頭前野の機能を活性化するために、非常に効果的であると考えられる。

116

第7章 手指活動における機能的左右非対称性と前頭前野の活動：近赤外線分光法による検討

第1節　問題と目的

第2節　大学生を対象とした手指活動の実験　研究Ⅰ：
　　　　操作性の高さと機能的左右非対称性

第3節　大学生を対象とした手指活動の実験　研究Ⅱ：
　　　　近赤外線分光法（NIRS）を用いた検討

第4節　大学生対象の実験についての総合的考察

第5節　乳児を対象とした手指活動の実験

第6節　第7章の研究の要約

第 1 節　問題と目的

（1）　操作性の高さと機能的左右非対称性に関する研究

　これまで筆者は手指の活動を中心とした機能的左右非対称性の発達に関する研究を行ってきた。左右の手の機能的非対称性が出現するのは、どのような手の活動内容で、どの時期であるのか、どのような要因に影響されるのかを、縦断的研究・横断的研究で検討してきた。これらの研究結果から共通して示されたことは、操作活動の基礎となるような手の活動では、生後まもない時期より機能的左右非対称性がみられた（継時性・巧緻性を要する活動は右手優位、空間性を要する活動は左手優位で各半球の特徴がみられた）。またモノを扱うという点で操作性の高いレベルの活動（積み木の積み上げのような複数のモノを組み合わせ調整しながら扱うような操作）では、発達初期から一側化（一方の手への極端な偏り）がみられ、その後大きな優位性の変動はない。他方、操作性の低いレベルの活動（リーチングやボール拾いなど）では、一側化の程度は低く、左右の手による明確な差異がみられず、左右の手の機能的優位性も変動しやすい。即ち言語発達（例えば初語）、運動発達（例えば独立歩行開始）、環境からの要因（例えば右利きへの指導）などによって機能的優位性が影響を受け変動していた。さらに、同日でありながら、操作性の高い活動であるほど、左右の手の使用頻度や器用さにおける差異が大きくなるということが観察された。積み木重ねに関しては、利き手のまだ確立しない 1 歳児より一側化がみられることは他の研究でも報告されている (Marschik, Einspieler, Strohmeier, Garzarolli, & Prechtl, 2007)。

　筆者は、このような乳児を対象とした研究結果の操作性の高さと機能的左右非対称性の関係性を詳細に検討するため、右利き大学生 50 名を対象に、さまざまな大きさの 6 面ダイスの積み上げ課題及び豆運び課題の実験を行った。結果は、操作性の高いほど左右差が顕著になることが、乳児期の研究結果と同様に、大学生を対象とした手指の操作活動に関する実験においても認められた。加えて、指でダイスを積み上げる操作性の最も低い課題では左右差は

みられなかった。また箸を用いた豆運び課題においても、把持・移動が困難な小豆が、大豆より所要時間も長くなり左右差もより顕著になった（橘, 2011）。

　ヒト以外の霊長類の研究でも、巧緻性を要する操作性の高い活動で左右差が顕著で、手の機能分化がみられ、餌へのリーチングのような操作性の低い活動では、左右同程度に可能で差がみられないことが示されている(Hopkins & Russell, 2004; Hopkins, 1991)。

　本章では、上述の事柄をより詳細に分析するために、対象は、細かな条件設定の実験が可能で、詳細な分析・検討も可能である大学生を対象とした実験を行う。また課題は、手指の巧緻性に関して、脳卒中のリハビリテーションの作業療法の一部として使用される等広く使用されているペグボード課題を行い、操作性の高さと機能的左右非対称性の関係性を検討する。

　次に、その平均的な結果を示した対象者のペグボード課題遂行時の前頭前野の活動を、近赤外線分光法（NIRS）で計測する。操作性の低い活動では左右の手に差がみられないことから両半球が関わっていることが考えられ、複数のモノを組み合わせ調整しながら扱うような操作性の高い活動では左右差が大きくなることから、限定された脳領域での賦活が示唆されるが、近赤外線分光法を用いた実験により検討する。

　さらに、乳児を対象として近赤外線分光法を用いた手指活動の実験を行い、大学生を対象とした研究と同様の結果となるかどうか検討する。

（２）　ペグボード課題
　手指の巧緻性、即ち細かな対象操作能力を測定するためによく用いられているのが、作業療法の現場や玩具として広く使用されているペグボード課題である。

　手指の巧緻性をペグボードを用いて測定した研究では、例えば次のような研究がある。Geert, Einspieler, Dibiasi, Garzarolli, & Bos (2003) は、14 カ月児、18 カ月児、25 カ月児を対象に操作活動の質的

発達を検討し、カップや箱にキューブを把持し入れる条件より、ペグボードにペグを把持し入れる条件で顕著な一側化（右手優位）がみられたと報告している。また Gasser, Rousson, Caflisch, & Jenni (2010) は、5 歳〜18 歳を対象としたさまざまな運動課題で、ペグボード課題が最も一側化が顕著であったと報告している。ペグボードは機能的左右非対称性が明確に現れやすい課題であると思われることから、本研究では、脳卒中のリハビリテーションの作業療法の一部として使用されるなど、広く使用されているペグボードを用いた実験を行う。

なお、本研究では巧緻性を要する操作性の高い手指活動と操作性の低い手指活動を比較することが目的であるため、実験に協力していただく参加者は、利き手の強さの程度による要因ができる限り影響しないようにするため、完全な右利きのみを対象とした。

Oldfield (1971) の エディンバラ利き手テストでは、利き手を連続体としてとらえ、右利きから左利きまでの程度の強さを、ラテラリティ指数（ＬＱ）により、完全な右利き（全項目右手使用）が 100 点、完全な左利き（全項目左手使用）が −100 点、右利き傾向と左利き傾向が等しいものが 0 点とされている。この Oldfield のテストを基にした Sakano (1982) の分類方法では、書字、描画、ボール投げ、ハサミ、ハブラシの５項目についてラテラリティ指数（ＬＱ）を算出して、ＬＱ 100〜80 を右利き、ＬＱ 60〜0 を両手利き、ＬＱ −20 〜 −100 を左利きとしている。本研究では、利き手の強さの程度による要因の影響をできるだけ避けるために、完全な右利き（ラテラリティ指数 100）の大学生を対象とする。

第2節　大学生を対象とした手指活動の実験　研究Ⅰ：操作性の高さと機能的左右非対称性

目的

　手指活動の機能的左右非対称性は操作性の高さに関係する可能性をこれまでの研究で示してきた。本研究では、これらをより詳細に検討するために、大学生を対象とし、手指の巧緻性に関して、作業療法などの現場や脳卒中上肢機能検査などの一部として多く使用されているペグボード課題を用いて検討する。

方法

　参加者　ラテラリティ指数が 100 となる右利き大学生 32 名（男子学生 16名、女子学生 16 名）。

　課題　ペグボード（酒井医療株式会社製，SOT-2103）は、縦に 4 個の穴が 5 列計 20 個あけられたボードに棒状のペグを差し込むもので、ペグの両端は赤と青 2 色となっている。左右各々の手指で、40 秒間に、赤と青交互になるよう外側から内側に渦巻状に差し込み、何本ペグを挿入できるかで評価した。
　（1）箸使用課題：割り箸を使用してペグを差し込む。
　（2）指課題：第 1 指と第 2 指でペグを差し込む。
課題の順序、左右の手の順序を参加者間でカウンタバランスした。

結果と考察

　箸使用課題と指課題において、40 秒間のペグ挿入本数の平均値を Figure 26 に示す。

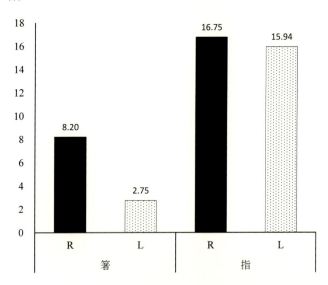

Figure 26. 40秒間のペグ挿入本数

　課題（箸・指）×手（左・右）の分散分析を行ったところ、課題の主効果（$F(1, 31) = 1364.2, p<.01$）、手の主効果（$F(1, 31) = 509.12, p<.01$）、課題×手の交互作用（$F(1, 31) = 125.95, p<.01$）において有意差があった。右手においては、課題による単純主効果が有意で（$F(1, 31) = 540.06, p<.01$）、左手においても、課題による単純主効果が有意であった（$F(1, 31) = 1409.76, p<.01$）。さらに、各課題において左右差を検討した。箸使用課題では、手による単純主効果が有意（$F(1, 31) = 490.18, p<.01$）、指課題でも手による単純主効果が有意（$F(1, 31) = 10.42, p<.01$）となった。

　課題間では、箸使用課題と指課題ではペグ挿入本数に顕著な差がみられた。道具である箸を用いず直接指でペグを差し込む指課題は、挿入本数が多く操作性の低い容易な課題であった。左右差に関しては、操作性の高い箸使用課題では左右差が顕著で、非利き手である左手のペグ挿入本数が非常に少ない。一方、操作性の低い指課題では右手が優位であるが、箸使用課題ほどの左右差はみられない。

このような操作性の高い箸使用課題と操作性の低い指課題では、脳活動ではどのような差異がみられるのであろうか。次に、近赤外線分光法（NIRS）を用いた検討を行う。

第3節　大学生を対象とした手指活動の実験　研究II：近赤外線分光法（NIRS）を用いた検討

目的
　操作性の高い道具（箸）使用課題と操作性の低い指課題遂行時では、前頭前野の活動（血液量変化）にどのような差異がみられるかを、研究Iで平均的な結果を示した参加者を対象として検討した。

方法
　参加者　ラテラリティ指数が 100 となる右利きで、研究Iの実験において、参加者 32 名のうち、ペグ挿入本数が平均値（箸使用課題：右手 8 本・左手 2 本、指課題：右手 17 本・左手 16 本）を示し、本研究の趣旨と近赤外線分光法について説明し、賛同が得られた男子大学生 2 名。

　課題　研究Iと同様に、ペグボードを用いた箸使用課題と指課題を 40 秒間行った。課題の順序、左右の手の順序を参加者間でカウンタバランスした。

脳機能計測
　計測には Spectratech 社製 OEG-16 を使用した。プローブ配置は、国際 10-20 法に従い、プローブマトリックスの中心に Fpz が来るように設置した。各チャンネル部位は Figure 27 に示した。安静期間中及び課題遂行中の参加者の前頭前野の血液量変化を計測した。

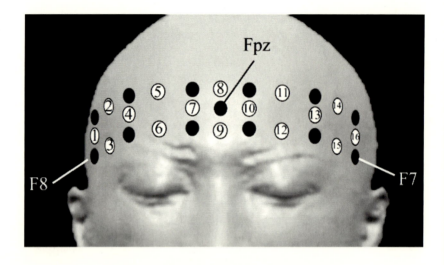

Figure 27. 計測プローブ配置と計測チャンネル番号

結果と考察

　課題遂行時の酸素化ヘモグロビン量（oxyHb, 単位：mmol/mm）を分析した。課題開始時のベースラインを0となるように設定し、施行時との差から算出されたデータを解析した。各チャンネルにおける課題遂行時（課題開始10秒後から課題終了までの30秒間）の酸素化ヘモグロビン量の平均値をFigure 28に示した。なお課題開始直後は、箸を安定的に把持することが難しいため10秒間はデータから除去した。

　1–16のすべてのチャンネルの酸素化ヘモグロビン量において、課題（箸・指）×手（左・右）の分散分析を行ったところ、課題の主効果（$F(1, 29)=1204.38, p<.01$）は顕著な有意差がみられ、箸と指の課題の違いによって酸素化ヘモグロビン量の平均値に大きな差異がみられ、箸使用課題で顕著な酸素化ヘモグロビン量の変化がみられた。しかし、手の主効果（$F(1, 29)=0.20, ns$）、課題×手の交互作用（$F(1, 29)=2.40, ns$）においては有意差はみられなかった。

すべてのチャンネルの分析では有意差がみられなかったが、7—10 チャンネルの前頭極に限定した酸素化ヘモグロビン量について、課題（箸・指）×手（左・右）の分散分析を行ってみると、課題の主効果（$F_{(1, 29)}$＝102.05, $p<.01$）、手の主効果（$F_{(1, 29)}$＝64.77, $p<.01$）、課題×手の交互作用（$F_{(1, 29)}$＝812, 00, $p<.01$）において有意差があった。右手においては、課題による単純主効果が有意で（$F_{(1, 29)}$＝266.94, $p<.01$）、左手においても、課題による単純主効果が有意であった（$F_{(1, 29)}$＝6.28, $p<.05$）。さらに、各課題において左右差を検討したところ、箸使用課題では、手による単純主効果が有意で（$F_{(1, 29)}$＝208.84, $p<.01$）、指課題でも手による単純主効果が有意（$F_{(1, 29)}$＝13.63, $p<.01$）となった。

操作性の高い箸使用課題では、前頭前野腹外側領域とその周辺領域に有意な血液量増加が認められ、特に非利き手での箸使用課題において、賦活したチャンネル数が多く、より広範囲の活性化がみられた。一方、操作性の低い指課題では、有意な血液量増加は認められず、左右差もみられなかった。

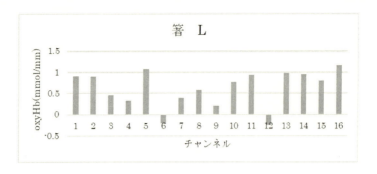

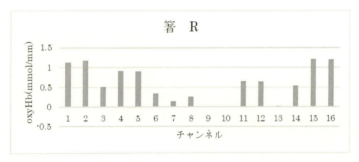

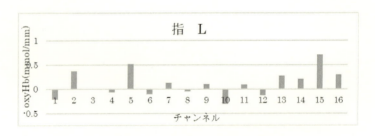

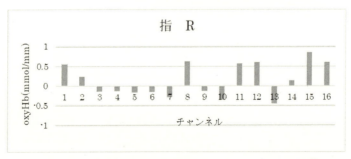

Figure 28. 課題遂行時の酸素化ヘモグロビン量の平均値

第4節　大学生対象の実験についての総合的考察

　研究Ⅰにおいては、これまでの筆者の研究結果と同様に、ペグボードを用いた実験においても、操作性の高い活動では、左右の手の活動の差異は大きくなり、操作性の低い活動では顕著な左右差がみられないという結果が得られた。

　このように、操作性の高い手指活動で左右差が顕著であるのは限定された脳領域が活性化しているのであろうか、また操作性が低く容易な課題では、遂行量（ペグボード課題でのペグの挿入本数）は多くなり、左右差がみられないのは、両半球にわたる広範囲の脳賦活によるものであろうか、研究Ⅱにおいて近赤外線分光法を用いた実験により検討した。

　研究Ⅱの結果からは、操作性の低い手指活動（第1指と第2指でペグを差し込む指課題）では左右の前頭前野がともに活性化していないことで左右差がみられなかったのではないかと考えられる。一方、巧緻性の求められる操作性の高い手指活動（箸を使用してペグを差し込む箸使用課題）では、前頭前野腹外側領域とその周辺領域に顕著な血液量増加がみられ、特に操作のより困難な非利き手で前頭極を含むより広範囲の血液量増加がみられ、脳賦活範囲に左右差があることが示唆された。

　本研究では参加者数が少なく、今後対象人数を増やし詳細な検討が必要であるが、高次な思考活動に関係する前頭前野を活性化するには、操作性の低い容易な直接指で触れる活動より、道具を用いて非利き手で行う操作性の高い活動が効果的であることが示唆された。この結果からは、スマホの長時間使用が現代的な課題となっているが、前頭前野の脳賦活の少ない操作性の低い手指活動を長時間行うことの問題も考慮すべきではないかと思われる。

　手指課題遂行時の前頭前野の活動について、細かな条件設定の実験が可能、加えて詳細な分析・検討の可能である大学生を対象に検討してきたが、乳児では操作性の高さにより前頭前野の活動は異なるのであろうか、次に乳児を対象として近赤外線分光法により検討する。

127

第5節　乳児を対象とした手指活動の実験

目的

　基礎的な操作活動がみられる生後5カ月の乳児において、操作性の高い道具使用課題と操作性の低い手指課題遂行時では、前頭前野の活動にどのような差異がみられるかを検討した。課題は、手指活動の機能的左右非対称性の発達に関する縦断研究（橘、2009）より、生後6カ月までの発達初期においても明確な機能的左右非対称性が観察された継時的な反復動作とした。

方法

　対象児　生後5カ月の健常乳児1名。

　課題　操作性の高い課題として道具使用課題、操作性の低い課題として手指課題を行った。

　(1) 道具使用課題：太鼓を（ガーゼで巻いた）バチでたたく条件と、(ガーゼで巻いた)棒を母親とひっぱりあいをする条件で行った。

　(2) 手指課題：太鼓を手でたたく条件と、手指で母親とひっぱりあいをする条件で行った。

脳機能計測

　計測には乳児用プローブの装着中の乳児への負担の少ないDynaSense社製携帯型近赤外線組織酸素モニタ装置（PocketNIRS Duo）を使用した。安静期間中及び課題遂行中の対象児の前頭前野の酸素化ヘモグロビン濃度変化を計測した。

結果と考察

　課題遂行時の酸素化ヘモグロビン濃度変化を分析した。課題施行開始時のベースラインを0となるように設定し、施行時との差から算出されたデータの平均値をFigure 29に示した。

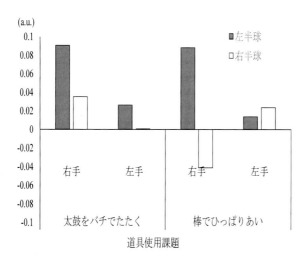

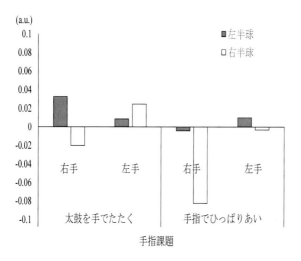

Figure 29. 課題遂行時の酸素化ヘモグロビン濃度変化

5カ月児においても、大学生の実験結果と同様に操作性の高い道具使用課題では、操作性の低い手指課題と比較し、顕著な血液量増加が認められた。また継時的な反復動作は、右手使用の場合、左半球が右半球と比較し血液量増加がみられ、発達初期からの機能分化が考えられる。本研究の道具使用課題では、太鼓のバチやひっぱりあいで用いた棒を調整しながら把持することが必要である。複数の物を組み合わせたり、モノを調整しながら扱う操作性の高い玩具や道具が、前頭前野の活性化に効果的ではないかと考えられる。

第6節　第7章の研究の要約

1．研究Ⅰでは、操作性の高さと機能的左右非対称性の関係性をより詳細に分析することを目的とし、細かな条件設定の実験が可能で、詳細な分析・検討も可能である大学生を対象とした実験を行った。また課題は、手指の巧緻性に関して、脳卒中のリハビリテーションの作業療法の一部として使用される等広く使用されているペグボード課題を行った。ペグボード課題は、道具を用いた操作性の高い箸使用課題（箸を使用してペグを差し込む）と、操作性の低い指課題（第1指と第2指でペグを差し込む）を設定した。

2．研究Ⅰの結果は、これまでの筆者の研究結果と同様に、ペグボードを用いた実験においても、操作性の高い活動では、左右の手の活動の差異は大きくなり、操作性の低い活動では顕著な左右差がみられないという結果が得られた。

3．研究Ⅱでは、操作性の高い道具（箸）使用課題と操作性の低い指課題遂行時では、前頭前野の活動（血液量変化）にどのような差異がみられるかを、研究Ⅰで平均的な結果を示した参加者を対象として検討することを目的とした。

4．研究Ⅱの結果は、前頭前野の活動を近赤外線分光法（NIRS）を用いて検討したところ、操作性の低い手指活動では前頭前野の活性化が、両半球ともにほとんどみられないという結果となった。一方、巧緻性の求められる操

作性の高い手指活動は、前頭前野腹外側領域とその周辺領域に顕著な血液量増加がみられ、特に操作のより困難な非利き手で前頭極を含むより広範囲の血液量増加がみられ、脳賦活範囲に左右差があることが示唆された。

　高次な思考活動に関係する前頭前野を活性化するには、操作性の低い容易な直接指で触れる活動より、道具を用いて非利き手で行う操作性の高い活動が効果的であることが示唆された。この結果からは、スマホの長時間使用が現代的な課題となっているが、前頭前野の脳賦活の少ない操作性の低い手指活動を長時間行うことの問題も考慮すべきではないかと思われる。

　5．研究Ⅰ・Ⅱの大学生を対象とした研究を基に、基礎的な操作活動がみられる生後5カ月の乳児において、操作性の高い道具使用課題と操作性の低い手指課題遂行時では、前頭前野の活動にどのような差異がみられるかを検討した。課題は、手指活動の機能的左右非対称性の発達に関する縦断研究より、生後6カ月までの発達初期においても明確な機能的左右非対称性が観察された継時的な反復動作とした。道具使用課題として、太鼓を（ガーゼで巻いた）バチでたたく条件と、(ガーゼで巻いた)棒を母親とひっぱりあいをする条件で行った。また手指課題として、太鼓を手でたたく条件と、手指で母親とひっぱりあいをする条件で行った。

　6．生後5カ月の乳児においても、大学生の実験結果と同様に、操作性の高い道具使用課題では、操作性の低い手指課題と比較し、顕著な血液量増加が認められた。また継時的な反復動作は、右手使用の場合、左半球が右半球と比較し血液量増加がみられ、発達初期からの機能分化が考えられる。本研究の道具使用課題では、太鼓のバチやひっぱりあいで用いた棒を調整しながら把持することが必要である。本研究では参加者数が少なく、より詳細な検討が必要であるが、複数の物を組み合わせたり、モノを調整しながら扱う操作性の高い玩具や道具を、一人ひとりの発達にあわせて使用することが、前頭前野の活性化に効果的ではないかと考えられる。

あとがき

　本書は、筆者が 1980 年より発表した研究論文の中で、乳幼児の手指活動における機能的左右非対称性に関する論文を中心にまとめ、JSPS　科研費 JP15K01780 の助成を受けて刊行するものである。

　既に公表した文献は次のとおりであるが（安丸は旧姓）、今回、本書をまとめるにあたって、いずれの研究論文にも加筆・修正を行った。

第1章　　橘　廣・岩砂真一　2001　胎向，生後3日以内の頭部の
　　　　　向きと，乳児期の手の活動の関係　心理学研究, **72**,
　　　　　177-185.

第2章　　橘　廣・池上貴美子　1992　乳児における手の操作と偏
　　　　　好性の発達　中部女子短期大学紀要, **22**, 201-208.

第3章　　橘　廣　2009　乳児の手の活動における機能的左右非対
　　　　　称性：出生から1歳までの縦断研究　発達心理学研究,
　　　　　20, 55-65.

第4章　　安丸　廣　1981　幼児の手指操作における機能的左右
　　　　　非対称性　心理学研究, **52**, 145-151.

　　　　　安丸　廣　1980　手の機能的左右非対称性に関する発達
　　　　　的検討　京都大学教育学部紀要, **26**, 258-269.

第5章　　橘　廣　2013　幼児における利き手の発達と利き手の
　　　　　変更　東邦学誌, **42**, 129-141.

第6章　　橘　廣　2008　なぜ、子どもには体験が必要か　愛知
　　　　　東邦大学地域創造研究所（編）『「子育ち」環境を創り
　　　　　だす』（pp.19-28）　唯学書房.

第7章　　橘　廣　2018　ペグボード課題における手指の巧緻性
　　　　　と前頭前野の活動　東邦学誌, **47**, 109-117.

橘　廣・橘　春菜　　2019　　乳児の手指活動における機
能的左右非対称性と前頭前野の活動　—近赤外線分光法
を用いた検討　日本発達心理学会第30回大会論文集,
183

　研究に関しては、京都大学名誉教授 坂野登先生、京都大学名誉教授
子安増生先生、元・金沢大学教授 池上貴美子先生に、京都大学大学院
時代より丁寧なご指導をいただきました。岩砂病院岩砂真一先生には、
特に胎児期・新生児期に関する研究で医学的な観点から丁寧なご指導を
いただきました。そして実験や調査にはたくさんの方々にご協力いただ
きました。厚く御礼申し上げます。また出版に関しては、三恵社日比享
光氏にたいへんお世話になりました。心より感謝申し上げます。そして
支えてくれた家族に深く感謝しています。

　2019 年 3月

　　　　　　　　　　　　　　　　　　橘　　　廣

文　献

Annett, M.　1967　The binominal distribution of right, mixed, and left handedness.　*Quarterly Journal of Experimental Psychology*, **19**, 327-333.

Annett, M.　2002　*Handedness and brain asymmetry: The right shift theory.*　New York: Psychology Press.

Bakker, D.J., & van der Kleij, P. C. M.　1978　Development of lateral asymmetry in the perception of sequentially touched fingers.　*Acta Psychologica*, **42**, 357-365.

Basser, L. S.　1962　Hemiplegia of early onset and the faculty of speech with special reference to the effects of hemispherectomy.　*Brain,* **85**, 427-460.

Best, C. T.　1985　Introduction.　In C. T. Best (Ed.), *Hemispheric . function and collaboration in the child.*　New York: Academic Press. Pp.1-7.

Brinkman, J., & Kuypers, H. G. J. M.　1972　Spirit-brain monkeys: Cerebral control of ipsilateral and contralateral arm, hand, and finger movements.　*Science*, **176**, 536-539.

Bryden, M. P.　1977　Measuring handedness with questionnaires.　*Neuropsychologia*, **13**, 617-624.

Bryden, M. P., & Steenhuis, R. E.　1990　The assessment of handedness in children.　In J. E. Obrzut & G. W. Hynd (Eds.), *Neuropsychological foundations of learning disabilities: A handbook of issues, methods, and practice.*　Orlando, FL: Academic Press. Pp. 411-436.

Bryden, P. J.　2000　Lateral preference, skilled behaviour and task complexity: Hand and foot.　In M. K. Mandal, M. B. Bulman-

Fleming & G. Tiwari (Eds.), *Side bias: A Neuropsychological perspective*. London: Kluwer Academic Publishers. Pp. 225-248.

Carmon, A., & Benton, A. L.   1969   Tactile perception of direction and number in patients with unilateral cerebral disease. *Neurology*, **19**, 525-532.

Chi, J. G., Dooling, E. C., & Gilles, F. H.   1977   Left-right asymmetries of the temporal speech areas of the human fetus. *Archives of Neurology*, **34**, 346-348.

Corbetta, D., & Thelen, E. (1999). Lateral biases and fluctuations in infants' spontaneous arm movements and reaching. *Developmental Psychobiology*, **34**, 237-255.

Coryell, J.   1985   Infant rightward asymmetries predict right-handedness in childhood.   *Neuropsychologia*, **23**, 269-271.

コックス M. 子安増生(訳) 1999 子どもの絵と心の発達 有斐閣 (Cox, M.   1992   *Children's drawings*.   London: Penguin Books.)

Crovits, H. F., & Zener, K.   1962   A group-test for assessing hand- and eye-dominance. *American Journal of Psychology*, **75**, 271-276.

Denckla, M. B.   1974   Development of motor coordination in normal children.   *Developmental Medicine and Child Neurology*, **16**, 729-741.

Dennis, M., & Whitaker, H.   1976   Language acquisition following hemi-decortication.   *Brain and Language*, **3**, 404-433.

Entus, A. K.   1977   Hemispheric asymmetry in processing of dichotically presented speech and nonspeech stimuli by infants. In S. J. Segalowitz & F.A. Gruber (Eds.), *Language development and neurological theory*.   New York: Academic Press. Pp.63-73.

Fontenot, D. J., & Benton, A. L.   1971   Tactile perception of direction in relation to hemispheric locus of lesion.

Neuropsychologia, **9**, 83-88.

藤原智美　2005　なぜ、その子供は腕のない絵を描いたか　祥伝社

Fuster, J. M.　1997　*The prefrontal cortex : Anatomy, Physiology, and Neuropsychology of the Frontal-lobe.* 3rd ed., Raven Press.

Galaburda, A. M., LeMay, M., Kemper, T. L., & Geschwind, N.　1978　Right- left asymmetries in the brain: Structural differences between the hemispheres may underlie between cerebral dominance.　*Science*, **199**, 852-856.

Gannon, P. J., Holloway, R. L., Broadfield, D. C., & Braun, A. R.　1998　Asymmetry of chimpanzee planum temporale: Humanlike pattern of Wernicke's brain language area homolog.　*Science*, **279**, 220-222.

Gardiner, M. F., & Walter, D. O.　1977　Evidence of hemispheric specialization from infant EEG.　In S. Harnad, R. W. Doty, L. Goldstein, J. Jaynes & G. Krauthamer (Eds.), *Lateralization in the nervous system.*　New York: Academic Press.　Pp.481-500.

Gasser, T., Rousson, V., Caflisch, J., & Jenni,O.　2010　Development of motor speed　and associated movements from 5 to 18 years.　*Developmental Medicine & Child Neurology,* **52**, 256.

Geert, W.K., Einspieler, C., Dibiasi,J., Garzarolli, B.,& Bos, A.F.　2003　Development of manipulative hand movements during the second year of life.　*Early Human Development* , **75**, 91-103.

Geschwind, N., & Levitsky, W.　1968　Human brain: Left-right asymmetries in temporal speech region.　*Science*, **161**, 186-187.

ゲゼル A.　山下俊郎(訳)　1966　乳幼児の心理学——出生より5歳まで—— 家政教育社　Pp. 179-180.
（Gesell, A.　1940　*The first five years of life.*　New York: Harper & Brothers.)

Gesell, A., & Ames, L. B.　1947　The development of handedness. *The Journal of Genetic Psychology*, **70**, 155-175.

Goodwin, R. S., & Michel, G. F.　1981　Head orientation position during birth and in infant neonatal period, and hand preference at nineteen weeks.　*Child Development*, **52**, 819-826.

Greenfield, P. M.　1991　Language, tools and brain: The ontogeny and phylogeny of hierarchically organized sequential behavior. *Behavioral and Brain Sciences,* **14**, 531-595.

Hatta, T., & Kawakami, A.　1995　Patterns of lateral preference in modern Japanese: Cohort effect shown by re-administration of the H. N. Handedness Inventry after 20 years.　*Canadian Jounal of Experimental Psychology*, **49**, 505-512.

八田武志・中塚善次郎　1975　きき手テスト作成の試み　大西憲明教授退任記念論文集(大阪市立大学), 224-247.

Haxby, J. V., Hoffman, E. A., & Gobbini, M. I.　2000　The distributed human neural system for face perception.　*Trends in Cognitive Sciences*, **4**, 223-233.

Haxby, J. V., Hoffman, E. A., & Gobbini, M. I.　2002　Human neural systems for face recognition and social communication. *Biological Psychiatry*, **51**, 59-67.

Held, R., & Hein, A.　1963　Movement produced stimulation in the development of visually guided behavior.　*Journal of Comparative and Physiological psychology*, **56**, 872-876.

Hepper, P. G., Shahidullah, S., & White, R.　1991　Handedness in the human fetus.　*Neuropsychologia*, **29**, 1107-1111.

Hepper, P. G.,　Wells,　D. L.,　& Lynch, C.　2005　Prenatal thumb sucking is related to postnatal handedness.　*Neuropsychologia*, **43**,　313-315.

Hermelin, B., & O'Connor, N.   1971   Functional asymmetry in the reading of Braille.   *Neuropsychologia*, **9**, 431-435.

Hiscock, M., & Kinsbourne, M.   1978   Ontogeny of cerebral dominance: Evidence from time-sharing asymmetry in children.   *Developmental Psychology*, **14**, 321-329.

Hiscock, M., & Kinsbourne, M.   1980   Asymmetries of selective listening and attention switching in children.   *Developmental Psychology*, **16**, 70-82.

Hoosain, R.   1990   Left handedness and handedness switch amongst the Chinese.   *Cortex*, **26**, 451-454.

Hopkins, W. D.   1991   Handedness and laterality in apes and monkeys.   In A. Ehara, T. Kimura, O. Takenaka & M. Iwamoto (Eds.),   *Primatology today.*   Amsterdam: Elsevier Science.   Pp. 271-274.

Hopkins, W. D., & Russell, J. L.   2004   Further evidence of a right hand advantage in motor skill by chimpanzees (Pan troglodytes).   *Neuropsychologia*, **42**, 990-996.

Huttenlocher, P. R.   1979   Synaptic density in human frontal cortex: Developmental changes and effects of aging.   *Brain Research*, **163**, 195-205.

伊田行秀　1997　利き手の成立　坂野登(編)　脳と教育——心理学的アプローチ——　朝倉書店　Pp. 118-128.

Ida, Y., & Bryden, M. P.   1996   A comparison of hand preference in Japan and Canada.   *Canadian Journal of Experimental Psychology*, **50**, 234-239.

Ingram, D.   1975   Motor asymmetries in young children.   *Neuropsychologia*, **13**, 95-102.

Jackson, J. H.   1869   Abstract of the Goulstonian lectures on certain points in the study and classification of diseases of the nervous systems.　*Lancet*, **1**, 344.　Reprinted in *Brain*, 1915, **38**, 72-74.

Judson, H. F.　1987　*The search for solutions*.　Baltimore: Johns Hopkins University Press.

加藤守匡・征矢英昭　2002　運動時の前頭葉皮質における血流変化からみた脳の賦活　体育の科学, **52**, 956-950.

川島隆太　2002　高次機能のブレインイメージング　医学書院

川島隆太　2004a　天才の創りかた　講談社インターナショナル

川島隆太　2004b　脳を知り，脳を育む —脳機能イメージング研究の最前線— 電子情報通信学会技術研究報告, **104**, 29-34.

川島隆太・井上健太郎・松村道一・定藤規弘・米倉義晴・福田　寛　1998　PETによるヒトの手の運動機能マップ　神経研究の進歩, **42**, 139-145.

河添邦俊　1978　障害児の育つみちすじ　ミネルヴァ書房

Kieler, H.　2001　Ultrasound scans may disrupt fetal brain development.　*Epidemiology*, **12**, 618.

Kimura, D.　1973　Manual activity during speaking —— I . Right-handers.　*Neuropsychologia*, **11**, 45-50.

Kimura, D., & Archibald, Y.　1974　Motor functions of the left hemisphere.　*Brain*, **97**, 337-350.

Kimura, D., & Vanderwolf, C. H.　1970　The relation between hand preference and the performance of individual finger movements by left and right hands.　*Brain*, **93**, 769-774.

Kinsbourne, M., & Hiscock, M.　1977　Does cerebral dominance develop ?　In S. J. Segalowitz & F. A. Gruber (Eds.), *Language development and neurological theory*.　New York: Academic Press. Pp. 171-191.

Kinsbourne, M., & Hiscock, M. 1983 The normal and deviant development of functional lateralization of the brain. In P. H. Mussen (Ed.), *Handbook of child psychology*. Vol. 2. New York: Wiley. Pp. 157-280.

Komai, T., & Fukuoka, G. 1934 A study on the frequency of left-handedness and left-footedness among Japanese school children. *Human Biology*, **6**, 33-42.

Konishi, S., Nakajima, K., Uchida, I., Kikyo, H., Kameyama, M., Miyashita, Y. 1999 Common inhibitory mechanism in human inferior prefrontal cortex revealed by event-related functional MRI. *Brain*, **122**, 981-991.

Konishi, Y., Kuriyama, M., Mikawa, H., & Suzuki, J. 1987 Effect of body position on later postural and functional lateralities of preterm infants. *Developmental Medicine and Child Neurology*, **29**, 751-757.

Konishi, Y., Mikawa, H., & Suzuki, J. 1986 Asymmetrical head-turning of preterm infants: Some effects on later postural and functional lateralities. *Developmental Medicine and Child Neurology*, **28**, 450-457.

Konishi, Y., Takaya, R., Kimura, K., Takeuchi, K., Saito, M., & Konishi, K. 1997 Laterality of finger movements in preterm infants. *Developmental Medicine and Child Neurology*, **39**, 248-252.

子安増生 2000 心の理論 岩波書店

久保田　競 1982 手と脳 紀伊国屋書店

久保田　競 1985 手のしくみと脳の発達 朱鷺書房

久保田　競 1991 ニホンザル嵐山－R群の好みの手 久保田　競 （編）　左右差の起源と脳 朝倉書店 Pp. 1-14.

久保田　競　1994　利き手の発達と抑制系　久保田　競（編）　発達
と脳のメカニズム　ミネルヴァ書房　Pp. 183-200.

Lenneberg, E. H.　1967　*Biological foundations of language*.　New
York: Wiley.

Levy, J.　1980　Cerebral asymmetry and the psychology of man.
In M. C. Wittrock (Ed.), *The brain and psychology*.　New York:
Academic Press. Pp. 245-321.

Lewkowicz, D. J., & Turkewitz, G.　1983　Relationships between
processing and motor asymmetries in early development.　In G.
Young, S. J.Segalowitz, C. M. Corter & S. E. Trehub (Eds.),
Manual specialization and the developing brain.　San Diego, CA:
Academic Press. Pp. 375-393.

Liepman, H.　1900　Das Krankheitsbild der Apraxie (motorische
Asymbolie) auf Grund eines Falles von einseitgier Apraxie.
Monatsschrift fur Psychiatrie und Neurologie, **8**, 15-40, 102-132,
182-197.　Cited by P. H. Wolff, I. Hurwits & H. Moss, Serial
organization of motor skills in left- and right-handed adults.
Neuropsychologia, 1977, **15**, 539-546.

Luria, A. R.　1966　*Higher cortical functions in man*.　New York:
Basic Books.

Luria, A. R.　1970　*Traumatic aphasia*.　The Hague: Mouton.

Luria, A. R.　1973　*The working brain: An introduction to
neuropsychology*.　Harmondsworth: Penguin.

真柄正直　1999　最新産科学　正常編　文光堂　Pp. 112.

Marschik P.B., C. Einspieler, A. Strohmeier,B.Garzarolli and
H.F.R.Prechtl,　2007　A longitudinal study on hand use while
building a tower.　*Laterality*, **12**, 356-363.

松沢哲郎　1991　野生チンパンジーの石器使用　発達, **46**, 106-113.

McDonnell, P. M. 1979 Patterns of eye hand coordination in the first year of life. *Canadian Journal of Psychology*, **33**, 253-267.

Michel, G. F. 1983 Development of hand-use preference during infancy. In G. Young, S. J. Segalowitz, C. M. Corter & S. E. Trehub (Eds.), *Manual specialization and the developing brain.* San Diego, CA: Academic Press. Pp. 33-70.

Miller, C. A. 1982 Degree of lateralization as a hierarchy of manual and cognitive skill levels. *Neuropsychologia*, **20**, 155-162.

Milner, B., & Taylor, L. 1972 Right-hemisphere superiority in tactile pattern-recognition after cerebral commissurotomy: Evidence for nonverbal memory. *Neuropsychologia*, **10**, 1-15.

三村　將　2004　前頭葉機能障害のリハビリテーション　老年精神医学雑誌，**15**，737-747.

南　憲治　1986　認知・言語機能の発達と大脳両半球機能の分化　坂野　登（編）神経心理学　新読書社　Pp. 57-80.

南　憲治　1997　言語と脳の仕組み　坂野　登（編）　脳と教育——心理学的アプローチ——　朝倉書店　Pp. 21-29.

Molfese, D. L. 1977 Infant cerebral asymmetry. In S. J. Segalowitz & F. A. Gruber (Eds.), *Language development and neurological theory.* New York: Academic Press, Pp. 21-35.

Molfese, D. L., & Molfese, V. J. 1979 Hemisphere and stimulus differences as reflected in the cortical responses of newborn infants to speech stimuli. *Developmental Psychology*, **15**, 505-511.

Molfese, D. L., & Molfese, V. J. 1980 Cortical responses of preterm infants to phonetic and nonphonetic speech stimuli. *Developmental Psychology*, **16**, 574-581.

森　昭雄　2002　ゲーム脳の恐怖　NHK出版

Morris, R. D., Hopkins, W. D., & Bolser-Gilmore, L. 1993

Assessment of hand preference in two language-trained chimpanzees (Pantroglodytes): A multimethod analysis. *Journal of Clinical and Experimental Neuropsychology*, **15**, 487-502.

Nachshon, I., & Carmon, A. 1975 Hand preference in sequential and spatial discrimination tasks. *Cortex*, **11**, 123-131.

中田 力 2001 脳の方程式 いち・たす・いち 紀伊国屋書 Pp.9.

西村 学・松野 豊 1978 手指運動の発達ならびにそれと言語発達との関連をめぐって 東北大学教育学部研究年報, **26**, 225-244.

Oldfield, R. C. 1971 The assessment and analysis of handedness: The Edinburgh Inventory. *Neuropsychologia*, **9**, 97-113.

ピアジェ, J. 谷村 覚・浜田寿美男(訳) 1978 知能の誕生 ミネルヴァ書房 (Piaget, J. 1936 *La naissance de l'intelligence chez l'enfant.* Delachaux & Niestlé.)

Previc, F. H. 1991 A general theory concerning the prenatal origins of cerebral lateralization in humans. *Psychological Review*, **98**, 299-334.

Provins, K. A., & Glencross, D. J. 1968 Handwriting, typewriting and handedness. *Quarterly Journal of Experimental Psychology*, **20**, 282-289.

Rice, T., Plomin, R., & DeFries, J. C. 1984 Development of hand preference in the Colorado Adoption Project. *Perceptual & Motor Skills*, **58**, 683-689.

Rosenzweig, M. R., Benett, E. L., & Diamond, M. C. 1972 Chemical and anatomical plasticity of brain: Replication and extension. In J. Gaito (Ed.), *Macromolecules and Behavior.* Appleton. Pp.205-277.

Rudel, R. G., Denckla, M. B., & Spalten, E. 1974 The functional asymmetry of Braille letter learning in normal, sighted children.

Neurology, **24**, 733-738.

坂野　登　1970　機能的左右非対称性とその発達的意義　心理学評論，**13**, 38-52.

坂野　登　1975　両信号系の相互作用(その17)——潜在的ラテラリティの型と、前後判断における大脳両半球機能の非対称性——　日本心理学会第39回大会発表論文集, 60.

Sakano, N.　1982　*Latent left-handedness : Its relation to hemispheric and psychological functions.*　Jena: VEB Gustav-Fisher Verlag Jena.

坂野　登　1982　かくれた左利きと右脳　青木書店

坂野　登　1985　脳を教育する——そのシステムとメカニズム——金子書房

Sakano, N., & Pickenhain, L.　1985　Japanese and German data on the correlation between handedness, arm folding, and hand clasping.　*Studia Psychologica*, **27**, 107-116.

Satz, P., & Bullard-Bates, C.　1981　Acquired aphasia in children. In M.T. Sarno (Ed.), *Acquired aphasia.*　New York: Academic Press. Pp. 399-426.

Schmidt, R.A.　1991　*Motor control and learning from principles to practice.*　Champaign, IL: Human Kinetics Books.

篠原菊紀・平野吉直・柳沢秋孝・田中好文・根本賢一・寺沢宏次・西條修光・正木健雄　2001　身体活動とコミュニケーションを重視したキャンプ活動が子どもの前頭葉機能に与える影響と教育的提案の位置　文理シナジー, **6**, 22-29.

篠原菊紀・田中好文・斉藤　隆・柳沢秋孝・寺沢宏次　2004　各種遊びの前頭葉活動 —TVゲーム，組立て遊具，アイボの特性—　文理シナジー, **8**, 73-80.

Sininger, Y. S., & Cone-Wesson, B.　2004　Asymmetric cochlear

processing Mimics hemispheric specialization. *Science*, **305**, 1581.

Sovák, M. 1968 *Pädagogische Probleme der Lateralität.* Berlin: VEB Verlag Volk und Gesundheit.

Sperry, R. W. 1966 Brain bisection and consciosness. In J. C. Eccles (Ed.), *Brain and conscious experience.* New York: Springer-Verlag. Pp. 298-313.

Steenhuis, R. E., & Bryden, M. P. 1989 Different dimentions of hand preference that relate to skilled and unskilled activities. *Cortex*, **25**, 289-304.

杉下守弘 1990 右脳と左脳の対話 青土社

杉下守弘 1991 右半球の神経心理学 朝倉書店

Sugishita, M., & Hamilton, C. R. 1987 CALTECH. *Biology Annual Report*, Pp. 227.

橘 廣・池上貴美子 1992 乳児における手の操作と偏好性の発達 中部女子短期大学紀要, **22**, 201-207.

橘 廣・岩砂真一 2001 胎向, 生後3日以内の頭部の向きと, 乳児期の手の活動の関係 心理学研究, **72**, 177-185.

橘 廣 2009 乳児の手の活動における機能的左右非対称性 出生から1歳までの縦断研究 発達心理学研究, **20**, 55-65.

橘 廣 2011 手の活動における機能的左右非対称性と操作性の高さ 東邦学誌, **40**, 141-152.

橘 廣 2012 機能的左右非対称性の発達と操作性の高さ 東邦学誌, **41**, 121-134.

橘 廣 2015 手指の巧緻性と機能的左右非対称性 東邦学誌, **44**, 101-109.

橘 廣 2018 ペグボード課題における手指の巧緻性と前頭前野の活動 東邦学誌, **47**, 109-117.

橘 廣・橘 春菜 2019 乳児の手指活動における機能的左右非対称性と前頭前野の活動―近赤外線分光法を用いた検討― 日本発達心理

学会第30回大会発表論文集, 183.

多賀厳太郎　2002　乳児の運動と脳の発達　体育の科学, **52**, 929-933.

多賀厳太郎　2011　脳と行動の初期発達　発達心理学研究, **22**, 349-356.

Tan, L. E.　1985　Laterality and motor skills in four-years-olds. *Child Development*, **56**, 119-124.

田中啓治・松元健二　2004　目的思考的行動を制御する前頭前野の神経ネットワーク　生体の科学, **55**, 60-70.

寺沢宏次・西條修光・柳沢秋孝・篠原菊紀・根本賢一・正木健雄　2000　go/no-go実験による日本の子どもの大脳活動の変化について —日本の69', 79', 98', 中国の84'との調査結果と比較して—　文理シナジー, **5**, 14-27.

友永雅巳・田中正之・松沢哲郎（編）　2003　チンパンジーの認知と行動の発達　京都大学学術出版会

Trevarthen, C.　1974　Conversation with a two-month-old. *New Scientist*, **62**, 230-235.

Trevarthen, C.　1983　Development of the cerebral mechanisms for language.　In U. Kirk (Ed.), *Neuropsychology of language, reading, and spelling.*　New York: Academic Press. Pp.45-80.

Turkewitz, G., Gordon E. W., & Birch, H. G.　1965　Head turning in the human neonate: Spontaneous patterns.　*Journal of Genetic Psychology*, **107**, 143-158.

Vargha-Khadem, F., & Corballis, M. C.　1979　Cerebral asymmetry in infants.　*Brain and Language*, **8**, 1-9.

Walton, G. E., Armstrong, E. S., & Bower, T. G. R.　1997　Faces as forms in the world of the newborn.　*Infant Behavior and Development*, **20**, 537-543.

Wietelson, S. F.　1974　Hemispheric specialization for linguistic and non-linguistic tactual perception using a dichotomous stimulation technique. *Cortex*, **10**, 3-17.

Wolff, P. H., & Hurwitz, I. 1976 Sex differences in finger tapping: A developmental study. *Neuropsychologia*, **14**, 35-41.

Wolff, P. H., Hurwitz, I., & Moss, H. 1977 Serial organization of motor skills in left- and right- handed adults. *Neuropsychologia*, **15**, 539-546.

Woods, B. T., & Teuber, H. L. 1978 Chaging patterns of childhood aphasia. *Annals of Neurology*, **3**, 273-280.

やまだようこ 1987 ことばの前のことば ——ことばが生まれるすじみち1 新曜社

山田洋子 1988 乳児期における言語機能の基礎過程としての認識行動とコミュニケーション行動の発達，名古屋大学 1988年度博士学位論文（未公刊）

山田洋子・中西由里 1983 乳児の指さしの発達 児童青年精神医学とその近接領域, **24**, 239-259.

安丸 廣 1981 幼児の手指操作における機能的左右非対称性 心理学研究, **52**, 145-151.

Yomogida, Y., Sugiura, M., Watanabe, J., Akitsuki, Y., Sassa, Y., Sato, T., Matsue, Y., & Kawashima, R. 2004 Mental visual synthesis is originated in the fronto-temporal network of the left hemisphere. *Cerebral Cortex*, **14**, 1376-1383.

吉川左紀子 2003 表情認識における運動情報の処理 基礎心理学研究, **22**, 76-83.

Young, G., Segalowitz, S. J., Misek, P., Alp, I. E., & Boulet, R. 1983 Is early reaching left-handed? Review of manual specialization research. In G. Young, S. J. Segalowitz, C. M. Corter & S. E. Trehub (Eds.), *Manual specialization and the developing brain.*

San Diego, CA: Academic Press. Pp.13-32.

Zelazo, P. R., Zelazo, N. A., & Kolb, S.　1972　"Walking" in the newborn. *Science*, **176**, 314-315.

著者紹介

橘　廣（たちばな　ひろ）

愛知東邦大学人間健康学部教授.
1952年　徳島市で生まれる
1975年　京都府立大学文学部社会福祉学科を卒業.
1980年　京都大学大学院教育学研究科博士後期課程教育方法学専攻
単位取得満期退学.
2006年　東邦学園大学経営学部教授.
2007年　愛知東邦大学人間学部教授.
2017年より現職.
専門　教育心理学，発達心理学，神経心理学.
著書　「脳と教育―心理学的アプローチ」朝倉書店（共著），
「神経心理学」新読書社（共著）他.

子どもの手指活動と発達

2019年3月25日　初版発行

著者　橘　廣

定価(本体価格1,800円+税)

発行所　株式会社　三恵社
〒462-0056 愛知県名古屋市北区中丸町2-24-1
TEL 052 (915) 5211
FAX 052 (915) 5019
URL http://www.sankeisha.com

乱丁・落丁の場合はお取替えいたします.
ISBN978-4-86693-055-8 C3037 ¥1800E